現代學人謎案

散木 著

目　次

龔橙火燒圓明園？

——對一個歷史傳聞的考證與思考

1.關於龔橙

龔橙（1817－？），字昌匏，後更名公襄、刷刺、太息、小定，號孝拱、半倫，他是龔自珍的長子。晚清「四大譴責小說」之一的《孽海花》，前幾回就曾出現龔橙的身影，不過他在書中的名字是叫「龔孝琪」了。

故事是從龔氏的小妾褚愛林（真名傅珍珠）從杭州（仁和）馬坡巷跑到上海和蘇州的三茅閣巷開局（即「書寓」，對嫖客來說就是「叫局」了）開始，說她屋內有箏、琵、簫、笛等各種樂器以及碑、帖、書、畫等文玩，最奇特的是一方玉印，是漢代一個妃子之物，傳說是趙飛燕的玉印，這些東西原先都是龔自珍的收藏，被他的不肖之子龔橙分香賣履散盡了。小說第二回還有一對嫖客說到這位公子，也是很不屑的：「快別提這人，他是已經投降了外國人了。」那麼，「他為什麼好端端的要投降呢？總是外國人許了他重利，所以肯替他做嚮導」麼？「倒也不是，他是脾氣古怪，議論更荒唐。他說這個天下，與其給本朝，寧可贈給西洋人。你想這是什麼話？」

這話不是由西太后的嘴裏說出來的麼？或者是龔自珍（定庵）的報應？即「這也是定公立論太奇，所謂其父報仇，其子殺人」。

原來，龔自珍在世時其思想上和學問上的鋒芒畢露早已觸忤眾人，他「翹然獨秀，抗先哲而冠群賢」、「繼往開來自成一家」，於是自然是「出頭的椽子」，故而他憤世嫉俗，自傷懷才不遇，雖然他曾得到建德宋魯珍（龔氏的家庭教師）、經學和文字學的大學者段玉裁、訓詁學大師王引之（浙江鄉試主考，龔氏得中第四名舉人）、今文經學家劉逢祿、大學士阮元等諸多學殖深厚的前輩的慧眼，可憐一代才俊的龔氏竟也多次顛躓於科場，這不是他學問不濟，而是中國封建社會「擇劣機制」的人才選拔體制容不下這位思想「梟雄」，比如他曾在殿試對策時提出改革方略（所謂「自古及今，法無不改」等），以「王安石第二」而震動朝野，所謂「定公得志，恐為荊公」，也就被保守派藉口「楷法不中程」斷絕了他進入翰林院的希望，後來雖然他做過內閣中書等官職，有所建言也不被採納，而其所交之友也大多係逸出傳統士子軌道的中國近代第一批知識分子中的仁人志士、或近代思想史上的弄潮兒們，當然對封建體制而言，他們是所謂大不祥的鴟梟了——這有林則徐、魏源（因思想先進，與龔氏並稱「龔、魏」）、程同文（史地學家，與龔氏並稱「程、龔」）、夏璜（浙江錢塘進士）、王曇（浙江秀水舉人）、曹籀（浙江仁和秀才）、黃爵滋、王鼎（皆禁煙派）等，因而困厄於這種政治體制中的一代思想鉅子、也是狂生的龔自珍不免「口不擇言，動與世忤」，造成「世人皆欲殺」的悲苦處境。

明清之季，李贄、龔自珍等傳統儒家規範的中國思想界叛逆人物，皆以行事有悖於世和「立論太奇」盡遭世道白眼，其中的龔自珍，其於中國歷史相當於西方之中世紀和近代的關鍵人物——但丁，雖說「晚清文人，龔定庵最負重望，所為文詩皆廉悍偉麗，不立宗派，思想尤淵淵入微，生平治學頗博雜」，但他就是不同流俗，其「生平性不羈，善作滿洲語，嗜冶遊，晚歲學佛，平居無事時非訪伎即訪僧，遇達官貴人輒加以白眼」，這不很討人嫌麼，終於讓他一路仕途遇紅燈，龔自珍亦竟不知吸取教訓作韜晦狀，反而針鋒相對作反抗狀，如寫《干祿新書》譏諷當朝新貴，又竟讓全家的女子：女、媳、妾、婢等，「悉令學館閣書」——不是我的試卷因不合「館閣書」而名落孫山麼，好，就讓女子來學它那狗娘養的，於是「有言及某翰林者，定庵必哂曰：『今日之翰林，猶足道耶？我家婦人，無一不可入翰林者，以其工書法也。』如此這般，「京師人以怪物目之」，他卻「夷然不顧也」。（《清代軼聞》）沒有辦法，其敵對勢力只好用最險惡的一招——壞人名節的緋聞來詆毀之，又因而讓他死的不明不白（在丹陽暴斃）。此後，龔自珍的冤魂冥冥中就有「報仇」的託付，於是，他的長子龔橙出場了，不過，這位公子更「奇」過其父（龔自珍有二子，幼子龔陶大不似乃兄，他後來官至江蘇金山知縣。龔自珍尚有二女，名阿辛、阿尊等），且看《孽海花》中的描寫——

小說描寫到龔橙的出場，也是十分難堪的：「忽然門外一陣皮靴聲音，雯青抬頭一看，卻是在公園內見著的一個中國人、一個外國人，往裏面走去」，那中國人便是龔橙，旁人發議論說：「他本來不識英語，因為那威妥瑪要讀中國漢書，請一人去講，無人敢去，孝琪遂挺身自薦，威酋甚為信用。聽得火燒圓明園，還是他的主張哩！」

大概由此開始發跡，龔橙在上海討了兩個小妾，一即褚愛林，一即汪姓女子，二人「寵奪專房」，龔氏「有所著作，一個磨墨，一個畫紅絲格，總算得清才豔福」，不料「千里擺筵席總有相別一日」，「那二妾忽然逃去一雙，至今四處訪查，杳無蹤跡，豈不可笑呢。」後來眾嫖客從褚愛林口中得知：她們不是逃妾，「實在只為了孝琪窮得不得了，忍著痛打發我們出來各逃性命」，至於「那些古董是他送給我們的紀念品」。當詢至龔氏何以一敗至此時，褚愛林答道：「這就為孝琪的脾氣古怪，所以弄到如此地步。人家看著他舉動闊綽，揮金如土，只當他是豪華公子，其實是個漂泊無家的浪子！他只為學問上和老太爺鬧翻了，輕易不大回家」，在外面「一天到晚，不是打著蘇白和妓女們混，就是學著蒙古唐古忒的話，和色目人去彎弓射馬。用的錢，全是他的好友楊墨林供應。墨林一死，幸虧又遇見了英使威妥瑪，做了幕賓，又浪用了幾年。近來不知為什麼事，又和威妥瑪翻了腔，一個錢也拿不到了，只靠賣書畫古董過日子。因此，他起了個別號，叫『半倫』，就說自己五倫都無，只愛著我。我是他的妾，只好算半個倫。誰知到現在，連半個倫都保不住呢！」旁人又問：何以作了「漢奸」的龔氏又與威妥瑪搞翻了呢？褚愛林又答：「人家罵他漢奸，他是不承認。有人恭維他是革命，他也不答應。他說他的主張燒圓明園，全是替老太爺報仇。」也就是為龔自珍出口惡氣，至於什麼「仇」、什麼惡氣，小說又通過褚愛林的敘述講了一段清史上的秘聞（也是緋聞）。

原來龔氏父子一向不睦（也是傳說罷了，如果比較二人思想淵源和脈絡，其實卻正是父傳子承才對，如龔自珍曾課龔橙帖括文，龔橙括義道「天地不仁，以萬物為芻狗；聖人不仁，以天地為芻狗」，龔自珍為之大笑。揭露「聖人」空談「仁義」的虛偽性，是其父子共同致力於顛覆的），最傳神的是一個傳說：父親死後，龔橙在家中讀書，竟在書案上供一木主，即象徵其父的木偶，龔橙一邊讀書，一邊用戒尺擊打之，他還說：「我的老子，是個盜竊虛名的大人物，我雖瞧他不起，但是他的香火子孫遍地皆是，捧著他的熱屁當香，學著他的醜態算媚。我現在要給他刻集子，看見裏頭很多不通的、欺人的、錯誤的，我要給他大大改削，免得貽誤後學。從前他改我的文章，我挨了無數次的打，現在輪到我手裏，一施一報，天道循環，我就請了他神主出來，遇著不通的敲一下，欺人的兩下，錯誤的三下，也算小小報了我的宿仇。」雖說如此，父親和清廷結下的深怨也是要報的，這個殺父的深仇大恨就是龔自珍被滿人毒殺於江蘇丹陽的秘聞——「我老子和我犯了一樣的病，喜歡和女人往來，他一生戀史裏的人物，差不多上自王妃，下至乞丐，無奇不有」，其中就有他任職宗人府主事時頂頭上司、滿洲親貴明善大人（即貝勒爺奕繪）的側福晉（小老婆）顧太清（號「西林春」），《孽海花》第四回開頭就說的是此事，所謂「光明開夜館福晉呈身」，其情節大可給當今熱播的電視劇宮廷戲錦上添花，這裏也就不提了。

卻說龔自珍因其所愛非其所能愛而得禍，竟被毒藥翻倒（是實事，或是戲說，不可考），嗚呼哀哉，其子龔橙發誓雪恥，終於也碰到機會——「庚申之變，我輔佐威妥瑪，原想推翻滿清，手刃明善的兒孫。雖然不能全達目的，燒了圓明園，也算盡了我做兒的一點責任。」庚申年，也就是 1860 年的第二次鴉片戰爭、英法聯軍攻進北京並火燒圓明園一役了，又傳「庚申之役，英以師船入都，焚圓明園，半倫實同往，單騎先入取金玉重器以歸，坐是益為人詬病。」（《清代軼聞》）

2.關於圓明園的被焚毀

以上都是小說家言，金松岑（與龔自珍外祖父段玉裁皆為江蘇金壇人，《孽海花》頭幾回由其撰寫，其後由曾樸續寫）創作此書雖說是要如實地反映時局，或者如後來曾樸的想法，是「想借用主人公（即洪鈞和賽金花的故事）做全書線索，儘量容納近三十年來的歷史，專把些有趣的瑣聞軼事來烘托出大事的背景」，畢竟不能當「真人真事」來看待，比如說歷史上的龔橙，以及圓明園因其而被焚毀，真的就是書中所描寫的那個樣子麼？如果說不是，金松岑和曾樸創作《孽海花》的根據又是從何而來？孰為真，孰為假？如果說是真是假在已有史料的基礎上不可能做到絕對、只能儘量接近真實的話，我們還可以通過「瞭解之同情」、「同情之瞭解」的想像的空間去盡可能地彌補那個接近真實的隙縫。

這所謂基於「瞭解之同情」或「同情之瞭解」，並不是向壁虛造的翻案衝動，其實只要我們對龔氏父子有一點瞭解、或竟是「同情」吧，就會感受和體會到晚清以降的主流或「清流派」的輿論何以放不過他們、饒不過他們的，對此，譚廷獻（即龔氏同鄉的學人譚獻）在《龔公襄傳》分析道：龔氏父子先後以「摧陷群儒，聞者震駭」的學術思想得罪於時流（尤其是為封建綱常和封建統治秩序立法的經學殿堂下的「群儒」），後來龔橙日久處於學術和社會「邊緣」，「治諸生業久不遇，間以策干大帥，不能用，鬱鬱無所試，遂好奇服，流寓上海。歐羅巴人語言文字，耳目一過輒洞精。咸豐十年，英吉利入京師，或曰：挾龔先生為導。君方以言讋長酋換約而退，而人間遂相訾謷。君久居夷場，洞識情偽。——懷抱大略，不見推達，退而著書，又多非常異議可怪之論，所謂數奇者也。」據此，龔橙非但不是「漢奸」，倒是利用自己的「記室」身份與鬼子交涉和「博弈」過的。可憐的中國呵，這種關頭，不是異類的書生如龔橙，就只有下賤女子如賽金花之類勉為其難去「為國分憂」了，而反過來呢，如魯迅所說的「古已有之」的現象：每當國家有難，「文人美女，必負亡國之責」，即在上者或一般御用文人「覺國之將亡，已在卸責於清流或輿論矣。」（1934 年 4 月 30 日致曹聚仁信）何以如此，想必是「文人美女」合該是標榜民族主義的「清流或輿論」的出氣筒，他們雖有社會上的不虞之譽，畢竟是弱勢勢力集團，根本沒有還嘴餘地的，晚清的「文人」如龔橙、「美女」如賽金花自然就成為傳統意識形態霸權話語的攻擊靶子，在後者眼裏、嘴裏，文人、女子都是一樣的「禍水」，正合乎用以「卸責」的替罪羔羊的角色安排需要。

據近人孫靜庵《棲霞閣野乘》，所謂龔橙「導英法兵焚圓明園」，事有隱情，即：「定庵子孝拱，為英人巴夏禮客，導英法兵焚圓明園，世多以為詬病。然此時民族主義尚未發達於吾國，且孝拱用意固別有在，不得以中行說之流概之。」「中行說」，是漢文帝時的宦官，後降於匈奴，為單于謀策，終為漢患，孫認為不能與龔氏類比。那麼，又是什麼隱情呢？「人傳孝拱於英焚燒圓明園事，為之謀主，海內群指為漢奸。豈知當時英人欲逕攻京城，孝拱力止之，言圓明園珍物山積，中國精華之所萃，毀此亦可以償所忿矣。是保全都城，孝拱與有功焉。」此說究竟如何，姑妄聽之可也。又，文史研究學者劉逸生先生根據譚獻撰寫的龔橙小傳，說：所謂「火燒圓明園」，「當時有人謠傳說是龔橙指使的，所以譚氏在此予以辯解。」（《龔自珍己亥雜詩注》）

「謠傳」、「辯解」，就是說龔橙領隊去焚毀圓明園不是事實，而信誓旦旦說他「指使」的，是把龔氏種種「震駭」世俗的行為加以附會、誇大，即「層累地造成的『漢奸』觀」，這不獨是對龔橙，近代史上的郭嵩燾、曾紀澤、劉鶚等等，只要是與學習西方和搞洋務相關，尤其是出過洋、通洋語、與洋人相交者——即今之新名詞——「口岸知識分子」，「推而廣之，在社會上稍沾些洋氣者也一齊算進去。」（黃裳）於是，他們就可能有「漢奸」的「不虞之譽」，梁啟超曾謂龔橙之冤，「或曰並無其事，孝拱嘗學英語，以此蒙謗耳。」（《飲冰室文集・跋龔孝拱書橫額》）那麼，之所以如此，揆諸社會心理學的原理，海通以後中國人和外國人交戰是屢戰屢敗，中國的被動捲入「近代化」並沒有給國人帶來福音，社會的急驟轉型帶來的只是動盪和災難，於是國人由對洋人的忌恨轉而遷怒於「二毛子」、買辦、翻譯、洋務官員、留學生、讀新學的知識分子、西式學堂的學生亦即「口岸知識分子」等等，對於徹底改變了中國傳統社會和統治秩序的外國人，「一般國人是因恨而生懼，倡義和拳以殺之，殺之不可，變成了『敢怒而不敢言』的情形，就想出了一個名字送給他們而暗暗地罵之。」（黃裳：〈關於「翻譯官」〉）這裏，語言和咒語的確是一種阿 Q 式「媽媽的」精神勝利法的有力武器，至於後來說陳獨秀也是「漢奸」、中國的「托派」全是「漢奸」等等，也都是這種既定的思維定勢作用下「謠言發生學」的規律使然。至於具體說到龔橙「好奇服」（據說龔橙是中國人最早穿西服的第一人）、通洋文、又「久居夷場」，著書立論又頗多「異議可怪之論」——這不是「漢奸」是什麼？！

可惜我們現在還沒有一部詳實的《漢奸史》，有之，可能依據上述的談屑，會把龔橙列入吧，畢竟圓明園之焚是中國民族歷史上一塊永久的傷痛，而根據傳說：帶領鬼子們火燒它的竟是龔自珍的不肖之子龔橙！而龔自珍是我們耳熟能詳的民族精英，他的詩句「我勸天公重抖擻，不拘一格降人才」等等真是如雷貫耳呵，於是有人驚於這種近乎殘酷的造化，說：「龔自珍的人才哲學，兌現在他兒子身上，猴兒吃麻花，蠻擰。」（李國文：〈一曲悲笳吹不盡〉）李先生還說：「若以龔自珍的人才論，老天給中國降下這等從龔半倫到周作人式的漢奸，實在是國之大不幸呢！」應該說：說出「不拘一格降人才」的龔自珍對並非僅以血緣承傳而是「漢奸」的龔橙的出現是沒有責任的，說他失於教誨之責恐怕也是誅心之論，龔自珍死於辛丑年（1841），離火燒圓明園的庚申年尚有二十年之久，「君子之澤，五世而斬」，歷史上曾經出現過的不肖之子，還嫌不多麼？況且，火燒圓明園，真的是龔橙所帶隊？一如香港電影導演李翰祥導演的《火燒圓明園》中那一幅鏡頭：一個漢奸領路，英法聯軍撲到了「萬園之園」？以至傳說龔橙當時還是一副這樣的「德性」：「他將辮髮盤到頭頂，戴洋人帽，穿白色西服，御革履，出入洋兵營盤，儼然一洋人。」（柳和城：〈龔自珍的不肖之子龔橙〉）這種場面後來我們似乎見的多了，「我們看過許多抗日戰爭的影片，凡鬼子進村，在隊伍前邊，總有一個戴著禮帽墨鏡，穿著拷紗襯衫，挎著盒子槍的漢奸帶路，龔半倫就是這一路貨色。」（李國文）不過，黃濬（此人後來卻真的當上了漢奸）在他的歷史筆記名作《花隨人聖庵摭憶》中說：「導致毀圓明園者，相傳為龔定庵子橙，又傳為李某，蓋不能考實」，一則是「相傳」，二是尚有他人的「專利」，二者皆已不能坐實矣，黃濬書中還稱龔橙「相傳為英使巴夏禮記室」，則龔橙所服務的主子是威妥瑪還是巴夏利也是不能確記了。

關於龔橙帶隊焚毀圓明園，多出於晚清筆記（「正史」如《清史稿》等未述及之），如《清朝野史大觀》等，是否係向壁虛造，或係由記恨龔自珍而帶出，都已不可詳考，我們只能依據說法不一的筆記去做判斷。柳和城以為：「所謂『傳說』，因無檔案實錄，僅出於時人筆記和父老傳聞。但無論如何，他作為侵略者首領的『記室』，確實也難逃幫兇的罪名，」也就是說：龔橙給鬼子當翻譯就是「幫兇」了，這似乎過於簡單。李國文在文章中引述《圓明園殘毀考》，謂「圓明園之毀於英法也，其說有二：一為英法所以焚掠圓明園者，因有龔半倫為引導。半倫名橙，字（自）珍子，為人好大言，放蕩不羈，窘於京師，輾轉至上海，為英領事記室。及英兵北犯，龔為嚮導曰：『清之精華在圓明園』，及京師陷，故英法後直趨圓明園」等（另一說其未述及之），由此出發，李國文還痛切地提到中國近代史上的「漢奸」現象，所謂「有鬼子進村，必有漢奸領路，有帝國主義侵略，必有假洋鬼子起來呼應。甚至在文學這一畝三分地裏，幾個拿了綠卡的小癟三或老癟三，做洋奴狀，狐假虎威，也在那裏指手畫腳，這恐怕也是中國社會的特有現象。」筆者懵懂，不能斷定關於「文學」領地中的「漢奸」現象所指為何，於是暫且不議，只說圓明園之焚毀，李先生懷疑何以圓明園被焚被掠以至於如此徹底（不就是只剩下一兩塊「大水法」了麼），筆記中「有謂京師既陷，文宗北狩，於是園中大亂。其初小民與官宦爭奪之，其後英法大掠之。有謂夷人入京，遂至園宮，見陳設巨麗，相戒勿入，去恐以失物索償也。乃夷人出而貴族窮者，倡率奸民，遂先縱火，夷人還而大掠矣。」李國文先生讀後說他「懷疑這則史料，肯定出自具有漢奸基因者之手」，這恐怕就不是對待歷史應該採取的實事求是的態度了，由此聯想龔橙之被人所非議，恐怕也就是出自於這種定勢的思維了。

不能否定中國近代史是帝國主義的侵略史，但是中國近代的一再被欺負和持續沉淪難道沒有自己的責任麼？難道只有妄自尊大和閉關鎖國這一條道走到黑麼？這其中有多少教訓是上上下下的顢頇和蒙昧，從在上者說，是「很多不平等條約其實是中國人自己送上門的。」（見茅海建：《鴉片戰爭與不平等條約》）比如說吧，圓明園為何竟被侵略者公然焚毀了呢？原來此前雙方在通州的談判交涉中，英國外交官巴夏禮與隨從等二十餘人悉數被清軍擒獲，那個悍氣十足的僧格林沁總算為清廷出了一口大氣（在李翰祥導演的電影《火燒圓明園》中，有一個鏡頭是僧王與巴夏禮鬥法，用的是「國技」的摔跤術，果然讓鬼子出盡洋相，記得電影放映到此時，每每博得觀眾的喝彩，但是他們卻不去想：靠這種辦法能拯救中國於水火麼？甚至竟「兩軍交戰，不斬來使」的古訓亦不顧了？其實，表面英武魯莽如僧王，正是在大沽、天津的防禦戰中，連連失敗，又在北京郊區的八里橋一役中，以作戰不力私逃脫陣，從而使北京在聯軍進攻下淪陷的），這些俘虜還受到了不同程度的「凌辱」（共有十九名戰俘被虐待至死，可見於《帝國的回憶——〈紐約時報〉晚清觀察記》中的記載），顢頇的官員和軍人們以為這樣就可以洗去被侵略的恥辱和恢復王朝的尊嚴，這種與「拳匪」水平不相上下的舉動終於又刺激和加深了列強對中國的侵略，後來魯迅看得真切，他說：統治者向來是這副模樣的——「他們是羊，同時也是凶獸；但遇見比他更凶的凶獸時便現羊樣，遇見比他更弱的羊時便現凶獸樣」，即他們是「凶獸樣的羊，羊樣的凶獸。」（《忽然想到》）落單的洋人是「羊」時他們是「凶獸」，洋人是「凶獸」時他們便是「羊」了，這不，「戰俘們在我們逼近首都時被立即釋放了，這證明只有採用強硬的策略才對付得了清國政府。」（《帝國的回憶》）那時可憐圓明園已是火光沖天。（又據《庚申英夷入寇大變記略》：聯軍藉口戰俘被虐待，要求賠償撫恤金五十萬兩，若不允，則放火燒園。恭親王回覆照會，允其所請，但被傳送回覆的守備私下毀棄，該守備另外捏造了一洋文收條回營交差，致使聯軍空自等候了三天，其酋領大怒之下，遂下令縱火燒園）所以，釋放巴夏禮等正是清廷由「凶獸」轉為「羊」的轉折，因為「將夷酋巴夏禮等釋回，該夷酋始將園庭夷兵全行退散。」（《文祥等奏園庭被焚請旨治罪折》）而此前聯軍劫掠和焚毀圓明園的原因是「據說他們這樣做是為了給他們的同胞——也就是被釋放的戰俘報仇，因為這些戰俘受到了對方殘暴的對待」，「對圓明園內部徹底的破壞，只不過是對大清國皇帝桀驁不恭以及清國人對待戰俘方式的一個小小的懲罰」，「由於戰俘們受到了清國人殘暴的對待，我們對清國人的憎惡之情真是太強烈了。」（《帝國的回憶》）由此可見，對付洋夷入侵，當時的清廷真是無能又糊塗到了家，其全部作為只是揚湯止沸、火上澆油而已，不過，從統治者的眼光看來，自己是不須、也不會做反省的，如李先生文章中引述的咸豐下諭：「夷去國萬里，原為流通貨物而來，全由刁惡漢奸百端唆使，以致如此決裂。」（或者李先生以為此詔書係暗指龔半倫挑唆焚燒圓明園一事，也就是上述他未舉出的別一個出處。但考之干支，此詔諭發布時的咸豐十年八月，為八月初二，即陽曆的九月十六日，時英法代表尚未抵達通州，自與圓明園大火無涉。）於是，一切都可以推到萬惡不赦的「漢奸」

頭上，即可以一筆勾銷自己應負的責任，又可以取同仇敵愾的氣勢，何樂而不為？

從在下者而論，近代史上有多少次「中華民族到了最危險的時刻」，可惜我們不曾獲得過民族共同體的共識和認同，相反的是政府公信力的匱乏以及百姓「國民性」問題的嚴重，這相似於魯迅曾經分析過的杭州雷峰塔的何以被轟然倒掉，於是在如「火燒圓明園」這種時機往往是他們上下其手的時候，正如中國第一歷史檔案館在其所編的「清代檔案史料」中的《圓明園》一書序言中所說：圓明園之被毀，「清末的腐敗政治和帝國主義的入侵是它衰敗毀滅的根本原因」，即「隨著 1900 年八國聯軍的進犯北京，園內的官員、太監和駐軍乘機勾結了園外的流氓痞棍，又對圓明園進行了最後的洗劫，及至清王朝覆滅之時，當年花遮柳護的瓊樓玉宇已化做一片荒涼的殘垣斷壁。圓明園從創建到毀滅的全過程不僅與有清一代的經濟、政治、社會、軍事、外交密切相關，它簡直是清王朝自康、雍以後的一個縮影。」這除李國文所引的學人王湘綺（也就是李先生所斥為的「具有漢奸基因者」）的注解（即王闓運《圓明園宮詞》中的小注所稱：「京師既陷，文宗北狩，於是園中大亂，始則小民與官宦入園爭奪之，其後英法大掠之。有謂，夷人入京，遂至園宮，見陳設巨麗，相戒毋入，云：恐以失物索價也。乃夷人出，而貴族窮者，倡率奸民，假以夷為名，遂先縱火。夷人還而大掠矣。」）之外，還有李慈銘筆記中「聞夷人僅焚園外官民房」、「聞圓明園為夷人劫掠後，奸民乘之，攘奪餘物，至挽車以運之，上方珍秘，散無孑遺」，鮑源深筆記中「附近村民攜取珍玩文綺，紛紛出入不定，路旁書籍字畫破碎拋棄者甚多，不忍寓目」，以及清朝檔案中關於圓明園自被英法聯軍劫掠和焚燒後又不斷遭到「可尊敬的洋大人」、「體面的大人先生」以及流氓、兵痞、土匪、太監、旗民等的明搶暗盜的記載等，（《圓明園》收入有關大量奏摺和清單，睹之觸目驚心。）如「貝子綿勳帶兵一千名赴圓明園彈壓，願往者不過二百餘名，土匪聞知即勾結夷人帶隊來撲，綿勳眾寡不敵，幾為所獲。嗣後夷人時有往來窺伺，土匪因之肆擾」、「惟圓明園、三山等各處所收存對象，被夷人搜取者固多，而土匪乘勢搶掠，或委棄道途，被無知小民拾取及誤相買賣者亦復不少」等等，陳文波先生為了證實圓明園被焚毀的真相，也曾訪問了當時尚健在的「長春園」中「海源堂」清道夫的陸純元老人（時已七十七歲），據老人回憶：「比聞上既往熱河，自八月中秋之後，園內驚慌，往往徹夜出入，管園大臣亦不能統轄。及二十二日夜，英法軍即入園大掠，其實，當地人已先縱火焚掠，於是洋人繼之，掠之所至，焚即隨之，至為慘澹。自二十二日至二十五日，凡焚掠四日，乃已。余一日坐石獅下，憶有一洋人摩弄余頭，鳥語亦不解，逕往各處自取金玉陳設而去。當時無人敢問，而掠者亦毫無畏懼」等。（陳文波：《圓明園殘毀考》）圓明園遭此劫難後，又雪上加霜，甚至到了民國以後還有北洋軍人、教堂的牧師等在那裏持續盜運，也是因此，「舉世聞名的『萬園之園』終於化為一片殘垣斷壁」的，而對那些毫無民族意識的國人，說他們是「漢奸」是重了一點，或者可以李先生所稱呼之的「海乙那」即為虎作倀的鬣狗相稱之吧。這裏，也是李先生估計得真切的「具有漢奸基因者」的黃濬，他在筆記中也明白無誤地說：「是焚掠圓明園之禍首，非英法聯軍，乃為海淀一帶之窮旗人」，甚至到了後來，黃濬記道：「瞿兌之常言，京城道上，常見大車曳宮殿木材花石而過，不知何往」，於是黃濬歎道：「每經大亂，一切文物即蕩然無存者，類皆以民間教學兩失之故，但知毀廓，以申怨毒，而不悟已成之結構，皆為國寶」云云，聽上去這不是「海乙那」發出的聲音呀，分明有一腔黍離之歎麼，是不是可以說：即使後來是漢奸，比如落水前的周作人，也要把他們具體和區別地看視，如此，寫作《花隨人聖庵摭憶》時的黃濬所說的話還能稱得上是「人話」吧。

3.龔橙的下落

龔橙子承父業，所謂「定庵少好藏書，富甲江浙，多四庫未收本，半倫幼好學，天姿絕人，於藏書無所不窺，為學浩博無涯。」（《清代軼聞》）後遺有《元志》、《雁足燈考》、《詩本誼》、《重訂易韻表》、《古俗通誼》、《古文字學叢著》以及詩文集等，多不為人所識，今浙江圖書館藏有其手稿，原係高氏梅王閣藏品。他工於詩詞，於書法也有「孝拱真書自一家」之譽。

浙江文士譚獻曾提及龔橙的學問，說：「龔氏之學既世，時海內經生講東漢許、鄭學者日敝，君乃求微言於晚周、西漢，摧陷群儒，聞者震駭」等等，但「皆持之有故，非妄作也」。龔橙出身名門，生於上海，自幼聰穎，又隨父宦遊大江南北，眼界自是不俗，也漸漸有了狂士之名，這即有小說家言的其客居京城時日與眾公子彎弓射雕、走馬鬥犬的狂態，又有自負才學、「天低吳楚」的傲氣，甚至「有其子必有其父」的龔自珍在世時也曾擔心他過於自負，曾作詩勸其有所收斂，所謂「儉腹高譚我用憂，肯肩樸學勝封侯。多識前言蓄其德，莫拋心力貿才名」，以及指點其治學門徑的「欲從太史窺春秋，勿向有字句處求。抱微言者太史氏，大義顯顯則予休」，等等。不過，命運偏要和這樣的狂生作對，龔氏即不為晚清官、學兩場所喜，所謂「不拘一格降人才」也只是一廂情願的希冀而已，於是龔自珍死後龔橙潦倒不堪，與龔橙頗親近的海上名士王韜在其《淞隱瑣話》中也說到：龔橙因在科舉道路上屢試不售，於是破罐子破摔，從此「混在北京」，當時在北京的文化人圈子中，他與刻書家楊墨林相稔相善，楊「素豪富，愛其才，所以奉之者無不至，日揮千金無吝色。」（《清代軼聞》）也就是說龔氏當時是依賴楊墨林的資助過活的。王韜亦云：楊墨林（即山西靈石人楊尚文）「素有豪富名，設典肆七十所，京師呼之為『當楊』，揮手萬金無吝色，孝珙曾與之刻叢書，未成，中多秘笈」。

原來有清之際，晉商勢力雄富南北，楊氏在北京以開當鋪為業，兼以刻書為業，當時在他的「連筠簃」書齋裏，會聚有何紹基、張穆、何秋濤等一批學者，其中當然也有龔橙。王韜所說的他們未能刻就的「叢書」，現在已無處查尋了，不過，道光年間他們刊刻的《連筠簃叢書》卻是極富盛名的，這套叢書收集了 12 種珍貴著作，如李文田注之《元朝秘史》、李志常述之《長春真人西遊記》、唐人魏徵等的《群書治要》、俞正燮《癸巳存稿》、鄭復光《鏡鏡詅癡》、徐松《唐兩京城坊考》、劉寶楠《漢石例》、沈垚《落驅樓文稿》、嚴觀《湖北金石詩》、項名達《橢圓術》、羅士琳《勾股截積和較算術》、宋人吳棫的《韻補》以及顧炎武的《韻補正》等，合 112 卷，由楊墨林延請名匠刻版，又請諸學者編校，書成，由張穆作序、何紹基題簽。因所收之書皆為以前的「秘笈」、即一向難以在書肆覓到，如史學和地志中的罕品《元朝秘史》、《西遊記》，如晚清思想解放（尤其是發復女權）的先聲《癸巳存稿》，如探究物理學的《鏡鏡詅癡》和早期研究數學的幾本著作等，它已經不是能用傳統學術可以歸納的了，因此書出之後引起學界的重視，張之洞《書目答問》中給予推薦，後商務印書館又將之引入《叢書集成初編》中，且評價其為「作者固得風氣之先，而為之流播者亦可謂之先知先覺矣」。這套叢書的編校由楊墨林的家庭教師、史地學家張穆主持，至於龔橙參與了其中哪部書的編校尚不得知（他應該是以文字學見長的），後來楊墨林還刊刻了《永樂大典目錄》六十卷，它也是《永樂大典》留下來的唯一完整的一部目錄了。

龔橙的生活依靠楊墨林死後，他「失所恃，又性冷僻，寡言語，稠人廣眾中一坐即去」，於是他只得在醇酒婦人中消磨，即所謂「好為狎邪遊，中年益寥落，至於賣書為活」，更有了上述關於「半倫」的匪夷所思的傳聞，這時他已移居十里洋場的上海，「混在上海」，自然更是「墮落」的可以了。其時，他結識了一個廣東人曾寄圃，恰英國大使威妥瑪「招賢館於上海，延四方知名之士佐幕府」，（據說曾國藩兩江總督任上曾有意攬入這位「不拘一格」的人才，即「思羈縻為己用」，無奈「半倫」和他父親是一樣的脾氣，最後卻入了洋人的幕府。）曾寄圃就把龔橙介紹給威妥瑪，英國人倒是欣賞他的才華，每月有「萬金」的「修脯」，甚至傳說還有了「保安」護身，於是他就成了「臭名昭著」的「龔半倫」。又後來，威妥瑪亦死，「龔半倫益頹放不自振，居恒好謾罵人，視時流無所許可，人亦畏而惡之，目為怪物，往往避道行，舊所藏書畫古玩，斥賣略盡。」（今上海圖書館藏有其散出的藏書）至五十三歲時，「發狂疾死」。

有意思的是，後來周作人與魯迅交惡，竟在魯迅逝世的前一天，撰文拿龔橙說事，諷刺魯迅偕許廣平同居於上海，乃「聞昔有龔橙自號半倫，以其只有一妾也，中國家庭之情形何如一言難盡，但其不為龔君所笑者幾希矣。家之上下四旁如只有半倫，欲求朋友於父子之間又豈可行乎！」（〈家之上下四旁〉）可謂刻毒。

龔橙晚況甚為淒涼，他被流言所打擊，幾乎遍體鱗傷，而他自己也似乎失去了生活的意趣，益加頹唐不振，朝夕唯誦佛經而已。再後，「發狂疾」，就是精神失常，甚至到了「自啖其矢（屎）」的程度，兩年後，他「遍體肉落而後斃」。「瀕死，出其所愛帖值千金者碎剪之。」這是瘋子的舉動，還是他不想把那些珍貴的碑帖留給世人，誰知道呢。他和他的父親一樣，都是這樣幾乎瘋癲地被一個冷眼的社會所拋棄、或亦相同於自戕似地棄世而去了。至於那個真正的龔橙，以及和他有關的那些文事，卻是沒有人再提起過的了。

王國維自沉昆明湖之謎

1927年6月2日上午，一代國學大師王國維投頤和園昆明湖自盡。

以王國維之學術地位，其以五十歲人生學術巔峰之際棄世，頓使「海內外人士識與不識，同聲哀悼，並為文字以表彰之」。在痛惜其「中道而廢」的同時，人們更競相揣度其不明不白自沉的原因。歷經六十餘年，或猜測，或推論，諸說紛陳而時有新見，又皆因各執一隅而難以定奪，兼以王國維自沉本身即包蘊豐富的文化意義，遂至「王國維自沉之謎」成為「中國文化之謎」之中最具爭論色彩又勢難定一的「謎案」之一。

1

王國維（1877－1927），字伯隅、靜安，號觀堂、永觀，浙江海寧人，世代清寒。王幼年苦讀，為秀才，早年屢應鄉試不中，遂於戊戌風氣變化之際棄絕舉業，1898年赴滬到改良派的《時務報》報館充校對、書記，同時還半工半讀在日人執教的「東文學社」研習外文和西方近代科學。王本熟諳國學，遂又兼通西學以及接受新學說影響，他的才學受到「東文學社」主持人羅振玉的賞識，由是結下羅、王提攜與知遇的終生依託關係。王後隨羅任職於武昌農校，1901年又得羅的資助，買舟東渡，在東京物理學校留學，不久以病歸。王返國後在羅振玉推薦下，先後於南通、江蘇師範學堂執教，講授哲學、心理學、倫理學等，並編譯《農學報》、《教育世界》等報刊，復埋頭文學研究，開始其「獨學」階段。1906 年他隨羅入京，又在其（一說清廷貴族榮慶）大力舉薦下相繼受任學部總務司行走、圖書館編譯、名詞館協韻等。其時，王潛心治學，他對哲學、文學等均有濃厚興致，既醉心於康德、叔本華等西方哲學，又沉潛於中國古典文學，先後撰有《人間詞話》、《宋元戲曲史》等名著。

1911 年辛亥鼎革，王國維在國內埋首問學的環境大變，遂攜眷隨兒女親家羅振玉逃居日本京都。彼時王受羅之影響，於學術轉而研治經史金石以及考據校讎，日日窮力於甲骨文、金文、漢簡、度量衡等研究，且時與日本學人切磋。1916 年，王應猶太富商哈同之聘返滬，繼續從事甲骨文、考古學研究，並編輯《學術叢編》，整理古典古籍。1918 年，王兼任哈同所辦的倉聖明智大學教授，1922 年，王受聘為北大國學門通訊導師。翌年，王國維在蒙古貴族、大學士升允舉薦下，與羅振玉、楊宗羲、袁勵准等應召為遜帝溥儀的「南書房行走」，食五品俸祿。1924 年，馮玉祥發動「北京政變」，驅逐溥儀出宮，王以為奇恥大辱，曾憤而與羅振玉、柯紹忞等遺老相約投禦河自盡，因家人監視嚴密未遂。1925 年，王與北大決裂後，轉受聘為清華研究院導師，教授古史新證、尚書、說文等。時王與梁啟超、陳寅恪、趙元任、李濟並為「五星聚奎」的清華五大導師，其中王與陳、梁為中國史學三泰斗，其培養、影響下的桃李門生、私淑弟子，後遍充幾代中國史學界。王時專研古史外，尚兼作西北史地、蒙古史料的考訂。1927 年 6 月，北伐軍逼近京、津，王國維竟自沉於昆明湖。

王氏是中國近代著名學者，其於近代社會轉型嬗變的紛爭混亂環境下，馳騁文史哲諸學數十載，所涉無不遺有燦然豐碑：其為近代最先運用西方哲學、美學、文學觀點剖析評論中國古典文學的開風氣者，又是中國史學史上將歷史學與考古學相結合的開創者，他以其身體力行的「二重證據法」（即以地下實物資料與地上歷史文獻資料相印證的學術方法）以及西方綜合分析方法、闕疑與自學精神開中國近代史學之新風，確立了較系統的近代治學標準和方法，他所主張的「不屈舊以就新，亦不絀新以從舊」的思想影響遠被學界。他還把甲骨文、金文、石經、竹簡、封泥、敦煌學、「小學」等推為「顯學」。總之，王國維以其學術思想與方法成為中國馬克思主義學者出現之前最具影響的學術巨人，被視為所謂「不獨為中國所有而為全世界之所有之學人」（梁啟超語）；「為中國近三百年學術的結束人，最近八十年來中國新學術的開創者」（周傳儒語）；甚而「中國學術界唯一的重鎮」（顧頡剛語）等。如此顯赫地位，歷史學家、文學家、美學家、考古學、詞人、金石學家、翻譯理論家等的王國維遺留下著述及身的傳世之作六十餘種（有《海寧王忠愨公遺書》、《海寧王靜安先生遺書》，收有《觀堂集林》、《靜安文集》等），經其批校的古籍亦達二百餘種，後人沾溉其學之餘，驚歎其遠較常人不易歷練的深湛造詣、無法企及的才智和功力，如郭沫若所言：他「留給我們的是他知識的產物，那好像一座崔嵬的樓閣，在幾千年的舊學城壘上，燦然放出了一段異樣的光輝」，於是愈加哀惋其自沉，體察其苦衷，乃窮究所以，甚而不忍對其死因作「流俗恩怨榮辱、萎瑣齷齪之說」，且力為之湔洗，此與世俱進，不斷發覆新說，遂有「王國維自沉之謎」的一大公案。

2

王國維之死即有以上有待「闡釋」的主觀原因，追尋其自殺動機的客觀因果也即為破「謎」的急切所在，而後者愈無法定讞，前者歧見亦愈增，是「謎」亦愈惑不可解。

曾與王國維並稱「海寧四才子」之一的陳守謙於王始死即發問：「嗚呼！君何為而死耶？君何為而自沉以死耶？又何為而自沉於裂帛湖（即昆明湖）以死耶？更何為而必於『天中節』（即端午節，王死其前兩日）自沉『裂帛』以死耶？」陳提出王死的個案特殊性（死於自殺，且為投湖自沉，又死於頤和園昆明湖之地以及近於屈原投汨羅江「端午」之時間），不妨循此數問，追索王國維自沉前後的環境。

1926 年，北伐軍興。1927 年 3 月，先有康有為客死青島。不久，馮玉祥國民軍進駐鄭州，閻錫山晉綏軍亦將易幟與奉軍交戰，京、津一帶草木皆兵，北平清華校園也失去平日的寧靜，不時有同仁或學生往來報告消息。王國維表示安詳如故，與人接談「雍容」、「淡雅」，無異於常日，但言涉時局，輒神色黯然，既「以有避亂移居之思」，又「內心苦悶，無人可商可告，獨自躊躇」。時羅振玉已攜眷東渡，梁啟超養疴津門，王與他人鮮少往來，獨與研究院主任吳宓交往頗密。6 月 2 日晨，王忽尋告吳宓（一說為研究院秘書侯厚培），說有事將外出，需借用五元。王接錢後即步出校門，雇人力車往頤和園急駛而去。迨至當天下午，其家人遍尋不得，尋至吳宓處，說王未留片言而出走，吳乃急找人四處尋覓，後從車夫處得知有一長者曾去頤和園，眾人遂奔往頤和園，亦遍尋不得。詢及遊人及管理員，又知有長者曾於排雲殿西魚藻卍軒字走廊徘徊往復多時，遂跟蹤所至，卻見一地煙蒂，不見人影。忽見略遠處似有投水痕跡，急遣人入水探之，水深不及盈尺，果然觸到一具屍體，此即頭足沒於水中、背衫猶未盡濡染，乃頭撲入泥、死已多時的王國維！眾人對屍大慟，王國維投湖自沉消息遂不脛而走，翌日「北京專電」將此新聞通達全國。

王死後，其家人檢出王死前一日所寫之「遺書」。後人對王死因種種揣忖，多有對此不同之解釋。且照抄如下：

> 五十之年，只欠一死。經此世變，義無再辱。我死後，當草草棺殮，即行槁葬於清華園塋地。汝等不能南歸，亦可暫於城內居住。汝兄亦不必奔喪，因道路不通，渠又不曾出門故也。書籍可託陳、吳二先生處理。家人自有人料理，必不至不能南歸。我雖無財產分文遺汝等，然苟謹慎勤儉，亦必不至餓死也。五月初二日，父字。

書中，「汝」為王子貞明。所云「陳、吳」即陳寅恪、吳宓。「遺書」條理清晰，顯見經過認真周密考慮、仔細安排後所書，足見死者絕非倉促尋死，此與王死前幾日並無異常的舉動相合。平日從不苟且、重於自律的王國維，其死也格外具有理性。然「遺書」中重心所在的「五十之年，只欠一死。經此世變，義無再辱」十六個字作何解釋？為何「五十之年，只欠一死」？又何謂「義無再辱」？「辱」來自何方？託付書籍於陳、吳，是否不啻於一種「文化託命」等等。

此為王國維死因之「謎面」。

3

對王死因作解釋，其親屬自始即諱莫如深，而各家之說大率皆乏實據，主觀臆測居多，且不乏道聽塗說者。要之，概有如下諸說：

一、「殉清」說。此為較早也較普遍的一種說法，傳其作始者為清華校長曹雲祥，持此說者有羅振玉、吳宓等。陳寅恪有輓詩，謂王「贏得大清乾淨水，年年嗚咽說靈均」，其意甚明。然陳對王之死所作解釋尚別有含義，此見之於王死後眾多輓詞中最為矚目的其長詩〈王觀堂先生輓詞並序〉以及〈王靜安先生遺書序〉等篇什，吳宓曾推之為「陳義甚精」，即吳宓本人後亦從陳寅恪別持它說（詳見於後）。魯迅於〈談所謂「大內檔案」〉一文稱王國維「在水裏將遺老生活結束」，然未及展開論述。不過，王於思想上「忠清」事實俱在，若謂之因以「殉清」，其說有：

（1）或力主其「遺書」即其「殉清」之誓言。所謂「義無再辱」，即其先已有投水不得而不死之「辱」，而其又恪守「君辱臣死」之「大義」（「君辱」：馮玉祥「逼宮」為一「辱」；北伐軍移師北上，潛居於天津張園的溥儀小朝廷難免又將遭傾覆之危，此「再辱」也），作為「臣」的王國維唯有「成仁」而已。（2）王為清朝遺老，早在辛亥鼎革之際，其在日本即痛撰〈頤和園詞〉、〈蜀道難〉、〈隆裕皇太后輓歌辭〉等辭章，對慈禧、隆裕、端方等表示揄揚、同情。有此思想基礎、遺老心態，迨「覆巢」之將再，以自殺而完節乃其當然之舉，如梁啟超曾比之於不食周粟而死的伯夷、叔齊，又比之於賦〈懷沙〉而自沉汨羅的屈原，等等。王更對遜帝溥儀向有國士知遇之感，以王舉業僅止諸生的身份，溥儀破大清舊制（「南書房行走」須翰林院甲科出身）破格召其入直「南書房」，王得預茲選，自感激萬分；至馮「逼宮」，時王「隨侍左右，未敢稍留」，竟堅辭北大通訊導師一職，又擬投水而不得，再至北伐軍北漸，如金梁於其死前三日訪晤後所察：王「平居靜默，是日憂憤異常。時既以世變日亟，事不可為，又念津園可慮，切陳左右請遷移，竟不為代達，憤激幾泣下，——談次忽及頤和園，謂：今日乾淨土，唯此一灣水耳」，竟至於自沉。（3）王「殉清」後，溥儀頒「諭旨」云：王「學問諳通，躬行廉謹，由諸生經朕特加拔擢，供職南齋，因值播遷留京講學，尚不時來津召對，依戀出於至誠。遽覽遺章（為羅振玉代擬。筆者注）竟自沉淵而逝，孤忠耿耿，深惻朕懷」，並賜謚「忠愨」，予以重喪大禮，以至羅振玉稱：「恩遇之隆，振古未有」。謂之「殉清」，不虛言也。

然「殉清」說人多有疑：（1）正與羅振玉、鄭孝胥、陳寶琛之輩有別，鄭孝胥諸人效命於清室復辟陰謀，由京而津，隨駕依行，不惜委身於日本政客。而王國維卻領清華研究院導師一職留京，心不旁騖，潔身自好，潛心學術（顧頡剛《古史辨‧序》謂：王因生計困窘所迫，致函胡適，託其向胡的留美同窗、清華校長曹雲祥薦舉。胡適曾建議清華研究院應取第一流學者充導師，薦之梁啟超、章太炎、王國維三人。後曹雲祥、顧頡剛果然往地安門內織染局十號王國維宅訪邀之。王作為清室之命官，遂往日本使館區徵得遜帝同意，方應清華之聘），王雖「忠清」，卻不充其鷹犬，而溥儀及清室於其生前授予之榮譽、官銜等等，只是彼輩利用其學術名氣徒為彼披飾而已，王是被彼利用而不自知。（2）前述溥儀等對「殉清」之王國維大加褒揚，而後來溥儀自稱王之「遺章」實羅振玉所偽造，其對王的賜諡乃是受騙而行，等等。總之，王「忠清」無疑，「殉清」卻堪疑，即其赴難之因恐非「殉清」兩字所能包容。

王國維絕非腐儒之輩，其思想正濡染有一定的近代民主意識，他還曾詳察歷代王朝的嬗替，對代代有之的所謂「節士」、「遺民」並不崇往，謂其依附於清室，或是既有民國優待清室條件之昭告天下，其所為並無悖法違法之處？或乃借機接觸清室內府藏書藏器的學術興趣以致？或竟為大不滿於民初國事蜩螗的狷介之舉？等等。林林總總，王與清室之關係絲絲縷縷卻並非牢而不拔，謂之因「愚忠」竟至「殉清」，實有隔膜之處，如當時即有人指出：「你看他那身邊的遺囑，何嘗有一個抬頭空格的字？殉節的人豈是這樣子的？」強說之「殉清」，即謂之學術之巨人而政治之侏儒，亦郭沫若所言：是「罵之而非贊之」了。

二、「逼債」說等。此為王死後揭載於《益世報》等的傳聞。溥儀《我的前半生》亦謂：內務府大臣紹英委託王代售宮內字畫，事被羅振玉知悉，羅以代賣為名，從王處將字畫取走；時王欠有羅之債務，羅以出售字畫所得作為抵押，致王無法向紹英交代，遂愧而覓死。又有 1946 年上海《文學週報》署名「史達」者所撰〈王靜庵先生致死原因〉一文，稱羅在女婿（王長子潛明）死後，因與王有隙，故將女兒接回娘家，不事改嫁，令女居家為夫守節，以此逼迫王每年供其（兒媳羅孝純）二千元生活費。又謂：王前與羅在日本做過生意，賺得些錢，屬於王名下即有萬餘元，然悉被羅所掌握，後羅再邀王「下海」，無奈王一介書生，向不諳此術，任由羅擺佈，此次竟大折血本，又欠有羅一屁股債務，羅又時以逼債相脅，甚而恫以絕交，可憐王禁不起這番揉搓，「又驚又憤」，遂萌生短見。或說羅振玉之所以為王偽造所謂「遺摺」，即為掩飾其不堪為外人所知之內幕。

「逼債」說亦自始即為人所質疑。梁啟超輓王題聯：「一死明行己有恥之義，莫將凡情恩怨，猜疑鵷雛。」陳寅恪亦謂：「至於流俗恩怨榮辱、委瑣齷齪之說，皆不足置辯」。然郭沫若《歷史人物・魯迅與王國維》依據傳聞（時《國學月報・王靜安先生專號》載有殷南〈我所知道的王靜安先生〉，稱曾「聽到他不便告人的話」。郭由此感到蹊蹺，說：「知道底裏的人能夠為王先生辯白，據說他並不忠於前清，而是別有死因的」），也認為王死與其和羅振玉交惡有關，即：羅在天津開辦書店，其婿參與其事，竟折本虧損，羅轉怒於彼，令女亡夫後歸娘家，頗傷王之情誼，「逼得他竟走上了自殺的路」。以郭沫若在中國文壇之地位，王國維死因經其筆播，幾成定論，甚更有人附會：京城風聲鶴唳時，羅攜眷再渡日本，而不商之於王國維，兒女親家，竟不辭而別，致王感觸甚深，竟至於死，等等。以上均無據之傳言和揣測，後得新證，可判為無稽之談。

原來，王、羅之關係並非如此不堪。1926 年 8 月，王之長子、羅之女婿王潛明病故上海，王國維整理其遺款數千元，悉數匯寄天津羅宅，囑羅振玉代為「令媛」經理。由此，「逼債」說可疑為子虛烏有。王致羅信中尚有言:「維負債無幾,今年與明春夏間當可全楚也」。驗之於王遺書所云,似其生前並無重債,且抑或其債務在身亦不需一死,甚不合「比火腿還老實」(魯迅語)的王國維所為。

三、「驚懼」說。王國維弟子趙萬里先生撰有王之《年譜》,其謂:當張勳復辟將敗,王曾歎曰:「海上人心浮動,以後便擬簡出,恐招意外之侮辱也」;迨至 1927 年春,「豫、魯兵事方亟,京中一夕數驚,先生以為禍難且至,或有過於甲子之變者,益懼」。對照王「遺言」中「義無再辱」,趙此說合於王既先有「甲子」(1924年)馮「逼宮」以及殉死不得之「辱」、且將有北伐軍入京未可料及之「再辱」而先死之推論。或謂:傳聞北伐軍已把王列入將被懲處的名單,王恐自己落入彼手中將效湖南葉德輝之慘斃,乃驚懼自沉。又或謂:時又傳言黨軍入城後將誅盡留有髮辮者,王視腦後辮子為生命,其又心儀沈曾植其人,彼亦為遺老,所謂矢志頭在便辮在者。總之,王以為被人所誅殺取辱,莫若自我了斷為宜。

此說亦多有人鄙而不取,以為不合王國維立身處世。或謂王深恐被「加以政治之罪名而受到迫害為一極大之污辱」,面臨將被辱的絕境,其本儒家不降其志、不辱其身的道德觀念,遂一死以保其能善其身的人格。(見葉嘉瑩:《王國維及其文學批評》)又或謂王死難以強說因果,大率可歸為迫於「一種精神上的污辱」,以至沉抑收斂的性格與悲懷情感,遂有此結局,等等。

四、又有「悲觀」說與以上相近。即謂其一生黽勉求學,晚年陡遭世變,使之無法將其作為「生存方式」的學問之道維持、繼續下去。精神失去寄託兼又自染病痾、家境貧寒,又經「白髮送黑髮」的人所不堪的愛子之卒,遂悲觀厭世而死。

五、「諫阻」說。此說見於臺灣高陽先生之《高陽說詩・箋陳寅恪〈觀堂先生輓詞〉》。高陽以為王投湖與屈原投江無異,屈原於禮崩樂壞、殺人盈野之年代自沉,「一言以蔽之,是為了反對楚懷王入秦」，王自沉則是以「屍諫」阻溥儀聽言羅振玉等將東渡，並謂王、羅反目原因亦點穴在此。高陽又認為陳寅恪當年為王所作悼輓詩章，均突出王死（其死因、死法等）與屈原意近，乃窺見其死因實情之曲筆。

陳寅恪之於王國維，同為清華研究院導師，且風誼平生師友間，最明知亦最關情，故陳的輓詩於眾篇什中最為奪目，方家均指之為肯綮、的論，亦超脫於俗論。陳之論說，有「殉清」說，然影響後世最巨，是其別具隻眼、特為標識的「文化殉節」或「文化哀痛」說。

六、「文化殉節」說。陳寅恪先生云：「凡一種文化值衰落之時，為此文化所化之人必感苦痛，其表現此文化之程量愈宏，則其所受之苦痛亦愈甚；迨既達極深之度，殆非出於自殺無以求一己之心安而義盡也」。此甚合王國維其人。陳又不囿於「殉清」說，發衍論及王之所「殉」：「吾中國文化之定義，具於《白虎通》三綱六紀之說，其意義為抽象理想最高之境，猶希臘柏拉圖所謂 Idea 者。若以君臣之綱言之，君為李煜亦期之以劉秀；以朋友之紀言之，友為酈寄亦待之以鮑叔。其所殉之道與成仁之仁，均為抽象理想之通性，而非具體之一人一事。夫綱紀本理想抽象之物，然不能不有所依託，以為具體表現之用；其所依託以表現者，實為有形之社會制度，而經濟制度尤其最要者。故所依託者不復易，則依託者亦得因以保存。……近數十年來，自道光之季，迄乎今日，社會經濟之制度以外族之侵迫，致劇疾之變遷，綱紀之說無所憑依，不待外來學說之掊擊，而已銷沉淪喪於不知不覺之間；雖有人焉，強聒而力持，亦終歸於不可救療之局。蓋今日之赤縣神州值數千年未有之巨劫奇變，劫盡變窮，則此文化精神所凝聚之人安得不與之共命而同盡，此觀堂先生所以不得不死，遂為天下後世所極哀而深惜者也」。此亦陳寅恪所以贊王國維「敢將私誼哭斯人，文化神州喪一身」之由來。

陳說不拘「流俗」之說，以「古今中外志士仁人往往憔悴憂傷繼之以死，其所傷之事、所死之故，不止局於一時間、一地域而已，蓋別有超越時間、地域之理性存焉」詮釋王國維之死，犖犖大端，人以為是。如吳宓，其先以王死乃「大節孤忠，與梁公巨川（梁濟，梁漱溟之父，1918年投北京靜業湖。筆者注）同一旨趣」，後轉從陳寅恪；其談陳撰輓詞「一死從容殉大倫，千秋悵望悲遺老」句，豁然以為：「君臣」為「五倫」之首，然「宣統尚未死，王先生所列者，君臣之關係耳」，亦即王與清室之抽象「君臣」關係，其實處正陳寅恪所謂「依託者」與「所依託者」間之「文化哀痛」。吳宓甚而亟感「吾中國文化」之衰頹，謂「寅恪與宓皆不能逃此範圍」，後果然也差強似之。

王、陳、吳，均自視中國文化存亡續絕之託命者，以「中體西用資循誘」為鵠的，於中國傳統文化大裂變之機亟圖保持、維護中國文化本色，謂之「文化遺民」亦似之。王「自以為已經來臨了中華民族文化的總崩潰」（葉嘉瑩語）而自沈沉；陳哀哀輓之：「神州禍亂何時歇，今日吾儕皆苟活」；吳則立誓於剛果寺王國維停靈處：「今敢誓於王先生之靈，他年苟不能實行所志，而濡忍以沒，或為中國文化道德禮教之敵所逼迫義無苟全者，則必當效王先生之行事，從容就死」。

七、「諸因素」說。王死因如此多義，再經悠悠眾口，其「謎」愈令人困惑，既然一說不能立，合多種因素而說之者亦蜂起。

或謂王死於其浸染甚深、受侵蝕甚重的封建「忠孝」倫理觀而非獨一「清室」。王原本「惟與書冊為伍」、不諳政治的一介書生，生於斯世，不能罔顧國困民厄之現實，外冷內熱，勃鬱於胸中而不能發，其較常人別具一副憂國憂民、悲天憫人的肺腑，因之，作為矛盾時代的矛盾人物，其曾嚮往卻終於躲避不及於變幻迷離的政治風雲；其以先進的資產階級思想和方法以治學卻未始不囿於封建士大夫的操守，儘管他並非康有為儕輩與清廷有不結之緣的保皇黨，亦非辜鴻銘儕輩封建文化的衛道士，但他對清廷的傾覆深懷黍離之悲，「入值南書房」的經歷又賦予其「士為知己者死」的執著意念，兼之民國百廢不舉、紊亂靡常，愈加劇其亡國之痛的體驗；他又篤重師友之誼，羅振玉的思想、行為不能不對之產生支配影響的作用……。如是，矛盾漩渦中的王國維日與歷史發展潮流相悖，乃至身不由己被推到矛盾尖銳對峙的巔峰險境。其時，王返顧周遭痛苦不堪的生存環境，青年時期樹立的悲觀主義人生觀終於佔據上風，於是他自我了斷，惜乎哲人其萎，乃順理成章。

有論者或更強調其中之「時代與性格的矛盾悲劇」，即王懷具天賦之矛盾性格，「既原就存在著一種既不喜歡涉身世務而卻又無法忘情世亂的矛盾」，又以其追求理想之天性，「對一切事物都常抱有著一種以他自己為尺度的過於崇高的理想，而卻偏偏又不幸的正生在於一個最多亂多變的時代」，因而造成其「個人與時代之間的一種無法調和的差距」。（見葉嘉瑩前引書）這種性格與時代緊張對峙造成的人生悲劇性，又使其理想主義隨「All or Nothing」（不全則無）的人生態度趨於極端，遂令國學大師毅然告別那「美麗而蒼涼」的人生矣。

後人處相類王國維時代之「生存環境」，惺惺惜惺惺，惋之惜之，又各各滲入其意念、體驗去品味王之赴難，並追尋王獨特的「性格」乃至其自沉的形而上學意義。其中，論其「性格」，有陳鴻祥所謂：「是的，如果要講中國傳統的道德規範，王氏堪稱浸染甚深的『紮紮實實的君子』，同時又是被青年時代種種哲學問題，即叔本華悲觀厭世哲學『煩惱』終身的深刻的厭世主義者。這樣一個特定的人，處在當時特定的社會環境下，如果要講『殉節』，看來只能說他是『以學術為性命』，而又用性命去殉了學術」。「一個特定的人」，若尋其陳寅恪謂「不得不死」的種種端倪或伏線，必得從其一生搜尋蛛絲馬跡：王幼年失恃，少年既乏母愛，又乏雁行之樂，（王生母有一子一女，女早夭；其繼母生一子，與王年距較大。）故少年時王即性格抑鬱，踽踽獨行，兼又體質羸弱，至壯年其遂獨傾於叔本華悲觀厭世說，（且喜康德先驗論及尼采超人說。）因濡染甚深，遂影響其後來常對社會問題持悲劇性哲理思考之態度。叔本華從「生命意志論」出發，「勘破」生死，認為人的生存為一切空虛，世界變化無常，並無意義可尋，因之人之一生亦無任何價值可言，其在痛苦與虛無的「鐘擺」間往復，惟受慾望、迷幻所支配而已；而擺脫之法，或先通過「藝術」（為「瞬間效應」），或終得之「禁欲」（為「永久解脫」），最上為「死亡寂滅」，如是，一旦生之恐懼戰勝死之恐懼，自殺（「寂滅中的極樂」）遂成其不二之途。

王思想淵源於此厭世哲學，又於其學術、創作均可得見痕跡（如《紅樓夢評論》），通篇滲透叔本華悲觀主義思想；王作為詞人，其詞作內容亦多抒發孤臣孽子的哀怨之思，滿紙肅殺悲語，且王又於學術未始不惑然於「信與不信」、「愛而不愛」間，在其書齋、教壇，也躁動著一顆失據安身立命之所的痛苦心靈。有此種種非偶然之因素，加之「社會上之習慣，殺許多之善人。文學上之習慣，殺許多天才」（《人間詞話》）的宿命，尤其王的自殺發生於外侮內憂、鹿鼎頻爭的動盪年代，也即詩人性情的學人如王國維輩其自殺大多發生的信仰危機之年代，（如京城三文人之投湖「範例」：梁濟、王國維自沉於二十世紀一〇、二〇年代；老舍投太平湖則是六〇年代末了。）這裏，王並非一個「孤例」。

綜上，絕望於信念、希望乃至未來，生活無所憑據，當王國維徘徊於頤和園長廊，於自沉前剎那間「重溫」一生之經歷，（其生前曾詢人：「人言自沉者能於一剎那頃重溫其一生之閱歷，信否？」）以及「少年時期所深思之哲學上諸問題」，遂「奮身一躍於魚藻軒前」。此正陳寅恪所謂王國維之「不得不死」。或許，王國維自沉之「謎」，可結穴於此矣。

王國維的兒子王仲聞為何也死於非命？

史書上經常有「君子之澤，五世而斬」之類的話，其實，那也是「王侯將相，寧有種乎」的一種解釋，這樣說來，古人其實是沒有「血統論」思想的了？當然了，事實上的常態卻是牢不可破的宗法社會的「血統論」，甚至到了後來，不是還有所謂「老子英雄兒好漢，老子反動兒混蛋」之類的「革命話語」的「血統論」麼？可憐民間思想家的遇羅克竟為此犧牲！

由此聯想到所謂「文化世家」。好像進入新世紀之後，許多人竟喟歎從前的所謂「文化世家」，竟也消亡矣，一些報刊還討論過其何以竟消失的原因等等，比如時代遷變、學養條件不存，等等，總之似乎是一樁令人感慨和讓人駐足憑弔的事情，所謂歷史演變的嚴酷，由這一個視窗，也竟可以窺出些許的「風景」。

卻說「文化世家」的消亡，原因甚多，如果一一羅列起來，於公於私，不勝枚舉。這裏且以海寧王國維這一「文化世家」為例。

王國維生前共有兩位夫人，並與之生有八個孩子（六男二女），即王潛明、王仲聞、王貞明、王紀明、王東明、王登明等。王國維生前對兒女的將來有過考慮，大概是他從自己的經歷中總結出一些「經驗教訓」，即從事學問，要吃許多苦，所謂「君子固窮」之類，何況時局不寧，要寫些文字，不免惹禍。於是，他打算讓他的孩子們從事一些「形而下」的行當，即轉向容易生活的方面，擁有「一技之長」，自力更生，就不需靠家庭或其他了。因此，王國維在世時，就吩咐長子去考海關，次子去考郵政，三子去考鐵路，等等，果然他們一一如願以償。

此前，還在王國維尚在世時，其長子王潛明因病已去世（因此王國維與兒女親家的上虞羅振玉有了隔閡），到了王國維故去——告別了「醜陋的世界」之後，他的幾位較年長的孩子已經開始出外工作，剩下的四個孩子就隨母親回到了海寧老家中，此後又分佈在北京、福建、昆明等地，各自開始了自己的生活。又此後，其次子王仲聞是在北京郵局工作，六子王登明則在上海的第一醫院任講師，至於其三子王貞明、四子王紀明、長女王東明，在國共決戰之際，帶著他們的妹妹和母親去了臺灣，後來又居住在高雄，現在只剩下王東明尚在世。據說在大陸，王國維的五子王慈明現在仍然健在，不過已是接近百歲的高齡了，他退休前是四川成都量具刃具廠的總工程師，畢業於上海交通大學。又據說：海寧王氏「文化世家」的後人們還有一個「遺憾」，就是其後代「無一人涉足文科」，不過在筆者看來，這未必不是一樁幸事，也符合王國維生前的想法，或者也竟是當年魯迅教導弟子們的一句話——「一要生存，二要溫飽，三要發展」，而「生存」，且是「容易生活」的，絕不是什麼勞什子的「文科」，筆者曾在《博覽群書》寫有一篇〈從胡風反對其外孫報考文科想起〉（2004 年第 7 期），對此有所發覆，在此不贅。

這又要說到王國維的次子王仲聞，因為海寧王氏「文化世家」的後人要搞「文科」，他應該是最有可能、又最有成績的了。

王仲聞（1902－1969），名高明，號幼安，以字行。王仲聞幼年深受父親薰陶，且喜愛古典文學，可是因為家貧，中學未畢業即入上海的郵局工作，但業餘仍潛心詞學，並與詞家夏承燾、唐圭璋時相往來。筆者此前在撰寫《於無聲處聽驚雷——魯迅與文網》一書時，由當年魯迅在上海「發現」國民黨「郵檢」的「秘密」，得知當時王仲聞就曾供職於國民黨「中統」掌控的上海郵政局，當然，他只是一名小職員。1949 年以後，王仲聞被調任北京郵電部秘書處副處長，後又下放為郵局營業員，至 1957 年被劃成右派，被迫退職。其時，王仲聞身處逆境，卻治學不倦，他整理多年的研究心得，陸續出版了《南唐二主詞校訂》、《詩人玉屑（校勘）》、《渚山堂詞話・詞品（點校）》、《蕙風詞話・人間詞話（校訂）》等，並編成《李清照集校注》等，一時引起學術界的注意，後經人推薦，在中華書局編輯部為「臨時工」，從事古籍的校訂工作，這可以說是他的「歸隊」。

據當年與其共事的人回憶：王仲聞博聞強記，熟悉古籍，尤精於詩詞、筆記及宋代文物，每有所問，對答如流，因此有「宋朝人」之稱。當時他曾為唐圭璋編輯的《全宋詞》加以補編，且費時四年之久（於 1965 年出版），但卻不能署名。「文革」開始後，王仲聞即被解雇，復遭猛烈衝擊，據說其中一條原因是他曾擔任過國民黨「中統」掌控的上海郵政局的職員，因此就是「國民黨特務」了，王仲聞走投無路，遂效其父，投昆明湖，卻未能死；繼又仰藥，於 1969 年含冤自盡。當時王仲聞尚有《讀詞識小》、《唐五代詞新編》兩部手稿，也因此蒙受損失而不存，據說其中二十多萬字的《讀詞識小》，是王仲聞的精心之作，曾由錢鍾書審稿，被「文化泰山」的錢鍾書許之為「奇書」，不幸遭劫，聞者惜之。如此說來，如果是他謹記父訓，仍然老老實實在郵局賣郵票，不是就會與他的弟弟王慈明一樣，也可以活到八、九十歲麼。所以說，王國維當年為子女的考慮，真是洞若觀火，深中肯綮，如果再反過頭來看，如今竟有多少家長為子女的前途，是效王國維當年的做法，也就毫不奇怪了。

陳寅恪與魯迅有過「密切交往」嗎？

自從「陳寅恪熱」之後，書肆或者報刊上關於陳寅恪題材的圖書和文章不時可見，這相較此前數十載的「陳寅恪冷」，固然令人可喜，不過，索之言而有據、發人深省的原創性讀物，卻不是很多的了。

且說一例：陳寅恪早年曾隨兄東渡，留學日本，期間與魯迅相識，於是有眾多寫家宣稱：陳寅恪與魯迅曾共讀日本東京宏文學院，期間還有密切交往。持此一說的，有《學人魂——陳寅恪傳》（上海文藝出版社 1996 年版）、《寂寞陳寅恪》（華文出版社 2007 年版）、《陳寅恪與傅斯年》（陝西師大出版社 2008 年版）等，如《陳寅恪與傅斯年》一書稱：「陳寅恪與魯迅早在日本弘文學院時就是關係較為密切的同學，後來魯迅在文壇的地位如日中天，在社會各階層也極具影響力，然而陳寅恪卻由於政治上的不受信任而跌落人生低谷，儘管如此，他卻從未向人提起過他與魯迅的交情，也沒有頂著『魯迅故交』的『帽子』明哲保身，更沒有尋求魯迅的聲援，而是憑藉自己孜孜不倦的追求和筆耕不輟的勤奮躍出低谷並修成正果，成為一代國學大師。他晚年解釋說：正因為魯迅名氣越來越大……怕言及此事被國人誤以為自己是魯迅說的『謬托知己』的『無聊之徒』。」作者是借此表彰陳寅恪的獨立人格和操守，不過，陳寅恪與魯迅是否有過「關係較為密切的同學」經歷，以及他晚年是否有過如此這般的「解釋」，或者說此話出處見諸何處？等等，對心重的讀者如吾輩而言，卻是只有狐疑，因為：所謂「密切交往」等等，索之草蛇灰線，必有行跡，要麼是當事人的見聞，要麼或者是當事人訴諸於文字形式的記錄等等，但據筆者的揣測，恐怕這線索是難以覓得的。

關於陳寅恪題材的書籍，可以依賴的，是史家之唱的海外汪榮祖先生的一冊《史家陳寅恪傳》（香港波文書局 1975 年初版、臺北聯經出版事業有限公司 1984 年二版以及 1997 年修訂版、江西百花洲文藝出版社 1992 年大陸版、北京大學出版社 2005 年新版），汪本文字簡約，不事鋪陳和發揮，所以，對傳主初次留學日本一事，只有寥寥幾字，當然也不提與魯迅關係一事。蔣天樞先生的《陳寅恪先生編年事輯》，所記亦甚簡約，其梗概只是陳氏十三歲時隨兄東渡，1904 年十五歲於假期返寧，隨即又與其兄陳隆恪考取官費留日，入慶應大學，後轉東京帝大財商系，翌年因腳疾返國，至 1907 年插班考入上海復旦公學。凡此，陳寅恪留學日本的時間總共不過四載，期間與魯迅的交往，以二人年齡相差十歲（彼時，陳衡恪二十七歲，魯迅二十二歲，陳寅恪十二歲），以及當時彼此的興趣趨向，等等，估計不盡相同，可能也極其有限，如此，焉得有「密切交往」一說？

此外的幾本陳氏傳記，如《學界泰斗陳寅恪》（廣東人民出版社 2006 年版），言及陳寅恪與魯迅曾同窗（以及林伯渠等），但未言及「密切交往」。吾友劉克敵兄的《陳寅恪和他的同時代人》（文化藝術出版社 2006 年版），並非傳記類讀物，可以不論。總之，考清光緒二十八年（1902），陳寅恪隨兄陳衡恪東渡日本，這是他第一次到日本遊學，應該是與魯迅同船，（是年魯迅在南京礦路學堂畢業後，與其他幾位同學被派往日本留學。3 月 24 日，在陸師學堂總辦俞明震的帶領下，魯迅等乘日輪「大貞丸」號由南京啟程赴日。陳衡恪是魯迅礦路學堂的同學，陳寅恪是跟隨長兄陳衡恪、又在其舅父俞明震的護送下作為自費留學生同行去日本的）。當時魯迅是公費生，同船的陳氏兄弟則是自費生，至於陳寅恪抵日後進了什麼學校，應該有可能是東京弘文學院（又稱「宏文學院」），當時魯迅被編入普通江南班，陳氏是什麼班，不可考，估計《清國留學生會館報告》會有記錄。魯迅的文字中，對陳寅恪只有一條贈書的記錄，（《魯迅日記》1915 年 4 月 6 日記載：「贈陳寅恪《域外小說》第一、第二集，《炭畫》各一冊。」這是魯迅回國後與陳衡恪共事北京教育部時的事情了。因而陳寅恪與魯迅兩人的交往，似僅此而已。）後來抵達日本留學的周作人的回憶，也只有對其兄陳衡恪的記憶（所謂「魯迅、張協和、伍習之和顧石臣，加上隨同前往的自費生，俞總辦的親戚陳師曾，都改進了弘文學院了」等等），沒有提及陳寅恪，陳寅恪自己的回憶，只有〈乙酉冬臥病英倫醫院〉一詩序中所言：「憶壬寅春，隨先兄師曾等東遊日本。」等等。至於後來幾部記述陳寅恪的書籍，提及傳主留學日本時的情事，基本上都是參照魯迅的行跡來附會的，也就難稱不移之論了。

陳寅恪與魯迅的話題，其實只是魯迅與陳衡恪的話題帶出來的。

陳寅恪的長兄陳衡恪，字師曾，他是著名畫家，也是魯迅的至交，當年在日本弘文學院，魯迅與陳衡恪同住一舍，可謂朝夕相處。1904 年春，魯迅和陳衡恪等曾聯名給返國的同學沈瓞民（杭州「求是書院」畢業生。該書院即今天的浙江大學的前身）寫信，介紹弘文學院及同學們的近況。後來沈瓞民回憶說：「求學時代的魯迅，已認清沙俄和日本都是帝國主義，都是侵略中國的敵人，當時具有這樣的意見，是令人敬佩的。陳師曾受到魯迅的鼓勵，也寫了六封信，其中一封給其父散原老人的，主要指出日本包藏禍心等語。」如果說這對陳寅恪產生了影響，也是從側面而來的。民國後，魯迅與陳衡恪同在教育部任職，兩人來往頻繁，關係密切，當時魯迅喜藝術，陳衡恪擅長篆刻、書畫，因而深得魯迅所喜，《魯迅日記》記載的陳衡恪，就達七十多筆。

記彗星般殞落的劉師培

說劉師培，是一個很讓人慨歎的話題：他太年輕，美少年麼，學問好、恂恂儒雅、思想銳進、革命先鋒，如果不出意外，他會如何？真讓人不敢想下去，然而後來的劉師培呢？咳，見鬼，怎麼說呢？太可惜了。慨歎之餘，不由又讓人試著去揣摸其終於跳了「火炕」的原因，畢竟他是近代以降中國知識分子中間一個極富意義的個案。

1

劉師培（1884－1919），字申叔，號左庵，署名光漢、韋裔、金少甫等。江蘇儀徵人。

劉氏世代治《春秋左傳》之學，曾祖劉文淇、祖劉毓崧、伯父劉壽曾、父劉貴曾均係乾嘉傳統的經學家，以三世相續共注《左傳》有名一時，劉又自幼聰慧好學，博覽群籍，十二歲就讀遍了四書五經，終克紹箕裘，使其家學至劉師培時乃集大成，光大揚州學派，為晚清最著稱之學人，其又得家傳「小學」——訓詁學、文字學，長於以字音求字義。劉十九歲得中舉人，被保薦知府，充學部諮議官。如果不發生變化，這個三代傳經的家族得有傳人，劉師培也將在先人安排好的位置上皓首群經，終老於斯了。（劉係獨子，在他這一輩的劉氏家族中，四個男童取了這樣幾個飽含家族冀望的名字：師蒼、師慎、師培、師穎，即師法古文經師的張蒼、許慎、穎容等。）

劉師培沒有在傳統學問的道路上一路馳騁，他出生於中國有史以來最慘澹的年代，又少讀《東華錄》等種族大義之書，在「三千年未有之大變局」的刺激下目擊時艱，痛心於民族沉淪、國家魚爛之狀況，自己又科場落第失意，所謂「飛騰無術儒冠誤」，乃漸與革命黨人交往，後在《蘇報》上慨然刊登〈留別揚州人士書〉，告別科場，投身革命，其時他尤醉心於種族革命之宣傳，乃毅然更名為「光漢」——光復漢族、恢復華夏之盛。1903 年俄國侵略東北，革命黨人蔡元培等在上海創辦《俄事警聞》以及發起「對俄同志會」，劉皆加入其中並成為《俄事警聞》之主要撰稿人之一，他執筆「日以危言，警惕國人」，後該刊改組為《警鐘日報》，劉遂任主筆，並加入《中國白話報》之筆政，與林白水、陳去病、林宗素等為同人。劉文字激昂，其時其署名亦自稱「激烈派第一人」。劉與林白水還曾合著《中國民約精義》，為「中國之《民約論》」。《警鐘日報》終以揭露列強野心、抨擊清廷孱弱而獲文字獄，租界當局查封報館、緝捕報人，劉以主筆更在彼必拿之名冊中，遂化名「金少甫」潛藏於上海附近平湖友人（「大俠」）處，該處實為浙西黨人交通機關，劉的到來更增添了其實力。不久劉得安徽友人之招遠走安徽蕪湖，先後在安徽公學、皖江中學執教，與蘇曼殊等共事並宣傳反清革命。期間他會同革命黨人柏文蔚等設立秘密機關，發起革命團體「岳王會」並與陳獨秀創辦《白話報》。1904 年蔡元培、陶成章等於上海發起組織江浙黨人之光復會，劉隨即由蔡介紹加入，他還參加了蔡主持之「軍國民教育會」、「暗殺團」等革命組織。其時，他還參與行刺清廷前廣西巡撫王之春的行動。1905 年，劉參加「國學保存會」並與鄧實、黃節等創辦《國粹學報》，以「發明國學，保存國粹」為宗旨，兼倡革命排滿，其同人被人稱為「國粹派」，其時劉為其首領，其所撰《攘書》、《中國民族志》以及陳去病等收集刊登的明末遺民、清季禁書等資料對鼓吹排滿革命、激蕩民氣起了極大的作用。時劉還擬籌建國粹學堂，編寫有教科書多種，並發文論述各地宜建立藏書樓、編纂鄉土志與書籍志等，溝通、宏揚我中華文化，引起很大反響。劉師培於「三千年未有之大變局」下既力倡西學，以為救亡不二之策，又亟稱國粹，捍守國學，看似矛盾，其實二者是有一結合點的，即中國於二十世紀不能不走西方也即世界普適的發展道路，同時文化上又不能不挽結傳統，保持自己的文化特點和屬性，但救亡基點上如何嫁接兩者，劉氏眩於古今中西各種學說，後來徑取最為便宜和徹底的無政府主義並將之改造成為中國式的無政府主義，如此結合如何評價？這裏我們暫且埋個伏筆。

劉師培兩棲於革命與學問，其時最與章太炎投契，二人皆古文經學家，聲氣相投，彼二人也被稱為「二叔」（申叔、枚叔），二人也都是「中國教育會」（實反清秘密團體）的會員。章以「蘇報」案入獄，劉欽佩其人，待其刑滿出獄赴日本參加同盟會並主持《民報》，劉亦攜出身上海愛國女校、激進女權主義人士之妻子何震（原名何班）以及何之姻弟汪公權三人買舟東渡、拜訪章太炎，很快，三人亦相率加入同盟會，劉還為《民報》撰述。恰其時梁啟超《新民叢報》主張滿漢一體，劉乃以〈辨滿洲非中國之臣民〉駁之，以義正辭嚴，被海內外人士激賞。劉在日本參加反清革命之活動和鼓動工作，鄒魯《中國國民黨黨史稿》記載甚詳，茲不贅述。

2

劉師培後來的遽變，從主觀上說，有少年得志、名聲外揚卻性情儇薄的成分，而客觀上也有同盟會內部思想到組織上分歧的誘因。劉到日本不久就捲入了同盟會內部的紛爭，最終以不慎掉入泥淖中而不拔，可惜滿腹學問終不能錦上添花。原來同盟會中素有分歧，孫中山開展反清革命，與日人頗有借助，1906 年萍、瀏、醴起義失敗後清廷向日本內閣提出交涉，亟請引渡黨人，而西園寺內閣在日本對華混水摸魚政策下採取兩手，既驅逐黨人，又向孫提供經費婉轉令其出境，孫為起義所需收下了這筆經費，此時章太炎以《民報》拮据向孫要求撥款萬元，孫僅支付彼二千元，章等乃大不滿，及得知此經費之來源，以為孫被日人所收買，情急之下對之進行人身攻擊，劉師培也參與了章太炎、張繼、譚人鳳等的反孫行動，他們借助黃岡等地起義的失敗要求改組同盟會總部，以黃興代替孫中山，劉更自薦為總理，並主張邀請日人北一輝、和田三郎（日本社會黨之激進派亦稱「硬派」人士，與劉相契；另一派系之宮崎滔天則支援孫中山）為總部幹事。事被同盟會庶務總幹事的劉揆一所拒，黃興也主張以大局為重，倒孫風潮遂止。

劉雖人在同盟會，卻對其理論基礎的「三民主義」不以為然，（儘管其中不無合理之處，如民族主義不獨為種族主義、民權主義的民主制度有其局限性、民生主義不啻為漢武帝鹽鐵專營與王莽改制等。）即視之不過「以暴易暴」的資產階級民主革命。此前其與日本社會黨人士交往，漸醉心於彼宣揚的「直接行動」的「社會主義」，經倒孫事變，劉等思想上愈加傾向於無政府主義，1907 年日本無政府主義者幸德秋水號召亞洲各國社會黨之大聯合，劉與章太炎回應，乃與流亡日本的印度革命黨人合作發起亞洲和親會，主張民族獨立、反抗列強。劉師培夫婦更揭櫫「破壞一切固有之社會，顛覆現今一切之政府，抵抗一切之強權，實現全人類的完全平等」，創刊《天義報》並發起組織「社會主義講習所」，前者被稱為「國人發刊社會主義機關報之嚆矢」，後者也是近代中國最早宣傳「社會主義」的團體之一。

劉、何夫婦 1907 年 8 月間發起的「講習所」，自然還不可能是宣揚科學社會主義的，如劉成立大會上所講演闡明的，反清革命不過是辨種族之異同，即使革命成功也不過是「以暴易暴」，要解決「民生之休戚」的社會革命，必須還得開展「社會主義」以及更上層樓的「無政府主義」，也就是「實現人人平等的無政府主義」的「大同」或者「共產」。劉氏夫婦激進的思想在彼時反清革命黨人中是鶴立雞群、超邁時論的，在一般黨人僅是以反清復明的民族主義為思想資源時，其人則身處域外之日本這一準西方資本主義（向帝國主義過渡中）國家而目睹花樣年華的資本主義其實內囊裹滿淌著膿水。（大洋彼岸的《新世紀》派也在西方的「花都」目睹之。）敏銳的劉氏夫婦當然不會以這個醜陋的怪物為其奮鬥的鵠的，他們淋漓盡致地批判資本主義，更試圖阻擋它在中國登岸，並不惜「殺盡資本家」，進而鼓吹不間斷地直接過渡至無政府時代，因為任何政府都是有礙自由的。無政府主義的主張一般出於弱勢者的自然經濟占主體、小商品生產和小資產階級汪洋大海的國度，作為反對國際資本侵略和本國封建壓迫剝削的籲求，帶有空想和狂熱色彩的無政府主義主張是最易產生和傳播的，劉氏夫婦就是這種思潮的弄潮兒。無政府主義理論上是高蹈的，它反對武裝起義、反對議會政治、反對建立國家、反對工業化、反對一切暴力甚至家庭、婚姻等等，劉氏夫婦尚組織有「女子復權會」的激進女權團體，當然這些反對的呼聲中不乏是因為被反對者給人類帶來的異化導致反對者的深惡痛絕，反對者是敏感於各種招牌下人的不自由窘況的，於是索性連根除去一切束縛人性、壓抑人的個性自由發展的制度安排，這中間有民粹主義、有人道主義、有農民的小生產意識、有傳統「大同」的「三代」思想等形成的雜燴，如劉師培於「講習會」上演說時主張的「工業乃民生之蠹，工業日進，機械日新，小民生計愈苦」，則不主工業，且殺盡資本家，而正因中國工業化程度過低而又最易實行共產制；農民則可借富人之田使之平均分田，「使人人所有之田均有定額」，這是農人革命；而欲實現社會主義和無政府主義，須以總同盟罷工為手段，將來還可工農結合，建立勞農協會等。劉師培的思想與馬克思主義的社會主義雖說分歧至顯，但在後者傳播進中國的初期以兩者尚有共同之處而被劉借重，劉曾為《共產黨宣言》中譯本作序，盛讚其階級鬥爭學說為「千古不磨之論」，馬克思與達爾文雙雙造福人類「其功不殊」等，但他並不認可彼所主張的國家學說和無產階級專政學說，以為其眼光有限，未能理想，即於打碎舊的國家機器後又要建立自己的國家，實行專政，此國家又以新名目令人民成為其奴隸，不免悖於人類平等之旨。劉氏所說雖悖於人類社會發展規律，狃於過於濃烈的理想化成分，卻不能不讓人對其超前的意識深致意焉。（他把「後」學放到「前」的語境中去考察了。）可以說，劉氏學說體大繁雜，超前的與落後的並存，革命的與腐朽的並在，真理與謬誤並列，這在晚近中國思想史上也是常例，同盟會的卻是反對「三民主義」的，宣傳社會主義的卻是社會主義的死敵，等等。也是因為晚近中國的特殊性：它幾乎是世界各種思想的實驗場，加上中國本身社會發展的特殊性，劉氏的學說眩人以一時，但它的影響卻不僅一時，後來我們可以看到其中一些主張竟由他人之手（當然是大手筆）行於世矣，而福兮禍兮世人自可以公論矣。

天才往往是做超前之想的，天才不同於凡庸之處又顯現在思想的躍進中，劉師培由最先的「教育報國」進而倡「民主共和」，再進而信仰「社會主義」，進而「無政府革命」，這個「激烈派第一人」果然「激烈」得讓人眩目，今天人們大可以從容看視所謂激進主義如何自劉師培始一步步把中國從帝制推到民國以及更進一步的實行「徹底決裂」的「大革命」，（激烈的背後其實卻是形式各異的「專制」如舊。）劉師培那時主張「激烈」是說激烈的好處是「無所顧忌」、「實行破壞」和「鼓舞人民」，邁出第一步給人們開路、如丹柯掏出心臟為人們當火把前進，劉師培有讓人感動的地方。可是讓人無法意料的是：「激烈」的盡頭是什麼？歷史、社會，是靠博弈、中和還是一味的「激烈」？或者說只是策略而已？劉師培的激烈，看上去很像魯迅說過的：抓著自家的頭髮、恨不得掙脫地心引力離開地球般焦躁。這樣思想太前衛了，與現實隔膜愈甚，有時就會從雲端一跤跌下來回到原點，甚至栽到泥淖裏。劉師培也是一個聰明人，但人太聰明也不免「淵察不祥」。劉師培夫婦舉世罕見，卻也有市囂的俗事：其夫人何震亦為中國「社會主義」最早的鼓吹者之一，又是婦女解放運動先鋒，果然聲名為之一「震」，在東京遂有豔名，且傳其與姻親汪公權有曖昧，汪實乃不堪之人，結果終有天才學子劉師培「卿本佳人，奈何作賊」之一幕，「激烈」到頭竟是一跤從雲端跌進泥淖中，劉一失足遂為千古恨，這樣的例子他並不是孤例。從此劉不齒於黨人，這就是文人失節，在中國傳統精神中，這是與女子失節相類的。

3

由於劉師培「下水」的傳聞過於紛紜，此一期間的歷史資料又過於匱乏，我們迄今還難以判斷其何以「下水」以及如何「下水」。錢玄同後來將時人對其之評判分為三類，一、不可寬恕，如馮自由《革命逸史》稱劉在同盟會「心銜所提議改組同盟會攘奪幹部職權之策不成，漸有異志」，加以「內懼豔妻」，乃恬然「下水」，此後又為袁世凱稱帝做吹鼓手，乃文人無行，不屑齒及其人。這是後來大多數論者的意見；二、事有隱情，可以不妨諒解之，如蔡元培《劉君申叔事略》謂其與章太炎齟齬，又「有小人乘間運動何震，劫持君為端方用」，先是「齟齬」，繼有「小人」，再是「劫持」，顯然對劉的「下水」有自有隱情的開脫之意。蔡先生還與人分析劉發生顛躓的原因，乃其人「確是老實，確是書呆」，這樣的人而雜有三種性質：好勝（不免文人相輕）、多疑（蔡說其自與何氏結婚和主持《警鐘日報》後即患此毛病）、好用權術（這是最壞的習氣），三者皆為「老實人之累」，從「性格就是命運」而言，（劉的同輩和弟子還指出其有「內熱」、「不能忘情爵秩」、「好異矜奇，狷急近利」等秉性。）這樣，「老實」、「書呆子」的劉師培就「未免好用其所短」（蔡致吳稚暉信），最終順性情而下以失節為收場矣。蔡先生是仁藹的人，他甚至這樣揣度劉師培的變態行為：其人何以一變而至於此乎？想不通，那麼，「最後的希冀，或者彼將為徐錫麟第二乎」？徐錫麟為謀取安徽巡撫恩銘的人頭，先取得其重用，不惜與之為「刎頸之交」，而「後來之事，大出意外」，是不是劉也仿效其方法去結交端方呢？蔡先生真是宅心仁厚呵。以文人的惺惺相惜，時人以及後人亦多有為之開脫者和諱飾者，如劉文典先生。至而有言其為夫人所左右者，這是「紅顏禍水」的故技，終不能解脫劉師培於萬一。三、始惡之而終諒之者，即「當時聞其變節而頗致詆毀，逮革命既成，往事已成陳跡，而敬其學問之博深，諒其環境之惡劣，更念及舊之交誼，釋怨復交，仍如曩昔」，這有章太炎、黃侃、錢玄同等，蔡元培實亦可歸此類。且他們注意到劉與之分途，但此後劉氏作文「但不言革命耳，始終未諛頌清廷也」，則劉還有一道「底線」在。不管怎麼說，一個知識分子在推動社會發展上欲有所作為，同時還要在自己專業範圍內有所成就，如何尋找一個恰當的結合點，將社會（人文）關懷和專業（學問）關懷有機地結合起來，這自是不易，但終不可犧牲道義、原則（也就是「底線倫理」）而屈就一方，而要爭取做到德才雙馨，這看似不易，也不是不可以做到的。不過，由於劉師培如何「下水」的種種原因尚不清晰，且「行事之善惡，時過境遷，即歸消滅，而學問則亙古常新也」（錢玄同語），從此一角度視之，則我們不能在鄙視劉的「叛變」革命的同時無視其學術造詣的存在，蔡、章、錢等先人如何惋惜和體諒其人，我們不妨也以此視域和「同情心」看視之。

傳劉師培「下水」，其與章太炎反目是很大一個因素。太炎先生也是一個文人從政的，無政府主義於事無補，他又稔於佛學，於是轉而為厭世主義者，覷破塵囂，欲赴印度出家，惜囊中羞澀，想到了官宦的張之洞以及端方，分別遣人去籌措旅費，找端方就是通過劉師培。事不諧（乃太炎先生保全了名聲），太炎遷來劉氏寓所合住，結果發現了他不願看到的一幕：劉小弟居然是「綠帽子」，何夫人與汪氏有染，奇怪的是劉師培不以為怪，卻怪太炎多事（汪東對此有別解：何震以他事恨太炎，乃與汪公權交相讒構，劉始與太炎絕，彼汪公權又假其名告密端方，端方遂招致之，令劉為其考訂金石等，太炎遺書規勸不聽），太炎無法再住下去，重又回到《民報》社，不久，太炎先生發表《排滿平議》，與無政府主義絕交。劉師培此時也不知如何獲取了太炎先生的印章，在上海《神州日報》假冒太炎先生之名刊登啟事，說不久就要剃度為僧，從此告別立憲革命等，太炎聞之也在《民報》上刊登〈特別廣告〉予以澄清，並揭發有人偽造其與清廷顯宦錫良的電報往來的匿名揭帖。如此這般，恐皆是劉等要搞臭太炎先生的劣跡，則劉「下水」後的行為實在不堪。楊向奎先生以為劉「中途折節，由反清而投端方，原因出於萍末而飄風不止」，乃是文人意氣之爭惹出來的，即其與章太炎發生齟齬，「大半來自學術」，劉「少年氣盛，在學術上不肯讓人，而太炎自視藝高，目無餘子已久，兩人相遇，不肯相下，宵小於其間易於為功，於是齟齬生，而申叔走」。（《清儒學案新編》）文人相交，易生閒氣，而反覆無常，往往有出格之事，此可聊備一說。繼與太炎反目後，劉師培又與陶成章、蘇曼殊等形成「水火」，東京黨人悉知劉氏已經不再是「同志」，加上其姻親汪公權對章太炎的「毒茶案」，劉在東京黨人中處境狼狽，四面楚歌，其遂有別棲之念。又傳何震為物慾被清廷兩江總督端方所收買，（徐錫麟案後，清廷顯貴如端方、善耆、鐵良等知大勢之下用硬的辦法不能挽救危機，遂各自開展對黨人的攻心工作。）加上汪公權居間穿針引線，畏懼「河東獅子吼」的劉師培婦唱夫隨，上了賊船。

歷史也真是吊詭，劉尚是「佳人」時，曾向湖廣總督的端方上勸降書，亟稱「自滿洲肇亂，中原陸沉，衣冠化為塗炭，群邑蕩為丘墟，呻吟虐政之中，屈服氈腥之壤，蓋二百六十年於茲矣」，是何等沉痛，而劉又自稱「幼治《春秋》嚴夷夏之辨，垂髫以後日讀姜齋、亭林書，於中外大防尤三致意焉」，乃「值此諸夏無君之時，仿言論自由之例，故近年以來撰《黃帝紀年說》、《攘書》、垂攘狄之經，寓保種之義，排滿之志」云云，更規勸端方儕輩「莫若舉兩湖之疆歸順漢族」等，豈料「作賊」後繼上端方書，那卻是別樣的聲音了。詛咒革命為「叛逆」罷了，又恬然貢獻「弭亂之策」十條，不外是以「臥底」的身份為之提供情報等，可悲可憐。1907 年冬，夫婦二人返滬辦理自首事宜，繼返東京創辦又一中國近代無政府主義於域外赫赫聲名的《衡報》，後人以為此係偽裝，其實是執行為清廷提供情報的報館，但黨人對彼已有戒心爾。1908 年冬，徐錫麟案發後，清廷通緝光復會領袖的陶成章，時陶正由南洋返國，劉氏夫婦與汪公權亦恰抵滬，劉向端方告發了陶的蹤跡，後魯迅稱此惡行為「偵心探龍」，蓋劉氏也是研究《文心雕龍》的好手呵，奈何作賊成了「偵探」——清廷的鷹犬！翌年劉偵探又告發同盟會國內中部（長江流域）領袖陳其美與浙江黨人王金發、張恭等在滬議謀隱情，致張恭被捕，後「強盜」出身的王金發找劉「理論」，劉下跪求饒，願意以身家性命保出張恭，得免一死，而汪公權卻被王

「解決」掉了。陳其美其時也曾下令蔣介石等暗殺劉師培，但時正在美國籌款的孫中山認為暗殺適足以暴露起義計畫，且暗殺行為不足以促成倒清大業，劉乃得以僥倖保全性命。劉氏夫婦無法在滬立足，遂移居南京公開投靠端方，從此成為彼幕府之人物，劉的身分是兩江督署文案兼三江師範教習，（校長即李瑞清，傳其與陳慶年建議端方聘劉擔任歷史教授。）後端方調任直隸總督，劉作為隨同如影附之。

說來端方其人也是通文史、好金石的專家，在清廷官員中他也算得上是思想開通的一位，如提倡立憲、讓紳民權利等，他與劉師培政治之外有共同語言也是可以想見的。設若清廷未遽倒、端方未驟亡，劉尚有一幕府內問學的暗淡日子，不想端方以在隆裕行宮內攝影被撤職，繼又被發派川粵漢鐵路督辦，終於做了清朝完蛋的第一個殉葬者，路上為兵士擊殺，跟隨他四川平亂的劉氏也在資州被起義軍政分府扣押。還是章太炎此時想起他，挽惜其罕有之學問才華，遂作保釋其人的《宣言》，內稱：昔人曾云明成祖，「城下之日，弗殺方孝儒，殺之，讀書種子絕矣」，「今者文化凌遲，宿學凋喪，一二通博之材如劉光漢輩，雖負小疵，不應深論。若拘執黨見，思復前仇，殺一人無益於中國，而文學自此掃地，使禹域淪為夷裔者，誰之責耶」？翌年民國肇立，章太炎與蔡元培又聯名在《大共和日報》刊登《求劉申叔通信》的廣告，再次為之呼籲：「劉申叔學問淵深，通知今古，前為宵人所誤，陷入樊籠，今者民國維新，所望國學深湛之士，提倡素風，保持絕學，而申叔消息杳然，死生難測。如身在他方，尚望先通一信於國粹學報館，以慰同人眷念」。章、蔡不以劉氏前行為忤，全從保全國家學問處著眼，而愛惜人才情見乎辭，這也足可見出劉師培之於中國學術的重要是時人已認識到的。蔡、章都是民國在朝在野的顯赫人物，後來他們又電請南京臨時政府設法營救之，孫中山還發電敦請開釋其人，不得苛待之。恢復了自由的劉氏即在友人謝无量介紹下先在四川國學院講課，與今文學家廖平互為犄角。而何震得東京老友南桂馨等相助則在太原閻錫山處充家庭教師，劉也不久到太原謀職，被彼時東京「同志」閻錫山聘為都督府顧問，發刊《國故鉤沉》，後來閻向袁世凱獻媚，將奇貨可居的劉師培舉薦給正需要書生為其登基做「合理性」、「合法性」解釋和理論創新的袁世凱，（後閻在回憶錄中稱：劉係左傾學者，參與籌安會為其不得已之尷尬事，且其「始終未勸我贊成帝制」。）恰其時急於製造帝制事實的袁公子袁克定與梁士詒等主張羅致失意文人、在野政客組成勸進班子，（其中同盟會元老就有劉與胡瑛、李燮和、孫毓筠四人，以及嚴復、楊度等。）袁當即聘之為公府諮議，後又任教育部編審、參政院參政，袁稱帝時劉氏又蒙不潔，恬然為「籌安會六君子」之一，被授封「上大夫」，期間寫有〈君政復古論〉，雖辭采淵懿，時人鄙為「劇秦美新」，即揚雄仿司馬相如封禪文佞事王莽、刻意抑「秦」揚「新」的故事。此係劉氏第二次「作賊」，不過這次他更是「被動」的行為了：劉苦於半生潦倒，不得不依附於人（端方、閻錫山、袁世凱），為之火中取栗，他疊次「下水」，被人視作「揚雄、華歆之流亞」，這也是知識分子沒有生活獨立、學術獨立、人格獨立的代價。

袁世凱身敗名裂而死，劉師培亦被通緝（帝制禍首之一），所幸又以「人才難得」被李經羲等保出，乃在天津充寓公，生活寂苦聊賴，至 1917 年蔡元培出任北大校長延攬人才，思及劉師培，不念舊惡，（錢玄同回憶：以劉師培前後思想違異，不但同盟會和國民黨人士對其不滿，就是舊派諸老也白眼視之，唯有蔡元培對其「終無惡意及非議」，乃為國家惜才爾。）且力排眾議，遂聘之為文科教授（又兼女高師講師），這是著名的北大精神之一的「相容並包」方針的一例。劉執教不久，「五四」新文化運動如火如荼，北大更是新思想和新思潮之儲存庫，以劉氏的身分，他被人們視為與林琴南、黃侃等人為伍的文化保守主義，他離群索居，謝絕交遊，神志頹喪。劉晚年與黃侃、陳漢章、吳梅、黃節、林損、馬敘倫等一班北大舊派教授們辦有《國故》月刊，並與康寶忠等辦有《中國學報》，倡復古主義。劉晚年以晚期肺病等而頹唐，卻並不反對新文化運動，1919 年 3 月林琴南攻訐陳獨秀等「新派」，以「舊派」劉氏等為奧援，劉公開發文否認自己與「新派」為敵，乃「鄙人雖主大學講席，然抱疾歲餘，閉關謝客，於敝校教員素鮮接洽，安有結合之事？又〈國故〉月刊由文科學員發起，雖以保存國粹為宗旨，亦非與新潮諸雜誌互相爭辯也」。劉所持的是並行不悖、各美其美的文化思想。陳獨秀因散發傳單被捕，劉還簽名營救之。

4

1919 年 11 月 20 日，年僅 36 歲的劉師培病死。身後極為蕭條。不久，傳其妻何震發狂亦死，一說出家為尼（法名「小器」），後不復為人所悉。劉無子女，所學無人繼之。劉師培的著作幾於等身，學人有恐其散去，但無如之何，如其學友之錢玄同先生慨然「刊行劉書本是十餘年來弟時縈繞夢寐之一事」，所幸 1936 年由劉的舊友南桂馨出資（其人為同盟會元老，「社會主義講習會」成員之一，山西著名富家，號稱「南半城」，曾任天津市長等），邀錢玄同等編輯出版了《劉申叔先生遺書》，此即「山西寧武南氏刻本」之劉氏全集，這是收集劉氏著作最多（七十四種）且校勘最力（南桂馨以其幕僚鄭友漁主持校印，聘劉氏學友錢玄同、弟子陳鍾凡、劉文典等搜輯整理）的一個版本，如果不是抗戰前夕這個版本大功告成，恐怕後來要想再蒐集劉的文字就不易了。不過既使如此，此後的劉氏已不復為人所提了，而他的著作人們所想到的也只是純學術的

《中國中古文學史》(魯迅幾次提及之,後人民文學出版社先後由舒蕪等標點、校定重新出版之)、《論文雜記》、《古書疑義舉例》等,直到歷史的塵埃落定,人們在總結、發掘近代歷史和國學成就時不約而同關注到其人,因為:中國晚近歷史、中國學術、中國文化,都不可能繞開劉師培,這遂有《劉師培論學論政》(1990 年復旦大學出版社)、《劉師培辛亥前文選》(錢鍾書主編、朱維錚執行主編的三聯版「中國近代學術名著叢書」之一)、《劉師培學術論著》(王元化主編的浙江版「近人學術述林」之一)等等的舊書新出以及其《遺書》的重印(江蘇古籍出版社)。

劉師培的著作,限於篇幅,其大率可歸為「論政」、「論學」二類。「論政」,劉發蒙時受黃宗羲、王陽明諸啟蒙家影響,並得鮑敬言等之說,主張推翻滿清、廢絕人治等,融入時代大潮的民族主義和民主主義革命中,有續黃氏《明夷待訪錄》的《中國民約精義》、續王氏《黃書》的《攘書》等,最能左右風氣,又揭載報刊文字,鼓動人心;到日本後,更加思想銳進,所撰論文挾時代風霜又難能可貴之深刻和致遠,如〈悲佃篇〉,眼光獨到,以為農民問題(即土地問題)不能解決則中國民主革命於事無補,如此之見解其時黨人中罕有相匹者。這一時期他的文章是辛亥前時論中最有份量且影響遠被的思想成果,稍後他宣傳社會主義,介紹俄國革命,進而推崇克魯泡特金之共產無政府主義,以及鼓吹婦女解放運動,這些政論文章在二十世紀初的中國思想界以激進論堪稱是臻於巔峰,且以他為核心形成海外中國最先進、最激進的知識青年的一個中心(另一個是巴黎幾位後來成為國民黨元老組成的《新世紀》中心),但自其「下水」後乃為之一變,晚年思想倒退,倡君政復古,有《左庵集》及《外集》等,多刪削早年之作,與其熱血少年時判若二人。「論學」,劉問學之際正值中國學術思想革新之時代,如錢玄同述其學所云:「值清政不綱,喪師蹙地,而標榜洛閩理學之入偽儒、矜誇宋元槧刻之橫通方且高距學界，風靡一世，所謂『天地閉，賢人隱』之時也，於是好學深思之碩彥、慷慨倜儻之奇材嫉政治之腐敗，痛學術之將淪，皆思出其邃密之舊學與夫深沉之新知，以啟牖顓蒙，拯救危亡」，錢氏以為其中最為卓越者有十二人：康有為、宋恕、譚嗣同、梁啟超、嚴復、夏曾佑、章太炎、孫詒讓、蔡元培、劉師培、王國維、崔適，他們「或窮究歷史社會之演變，或採索語言文字之本源，或論述前哲思想之異同，或闡演先秦道術之微言，或表彰南北劇曲之文章，或考辨上古文獻之真贋，或抽繹商卜周彝之史值，或表彰節士義民之景行，或發舒經世致用之精義，或闡揚類族辨物之微旨」，波瀾壯觀，沾溉來學，而劉氏實為翹楚。他前期「以實事求是為鵠，近於戴（震）學」，趨於革新，後期則「以竺信古義為鵠，近於惠（棟）學」，趨於循舊。劉氏之學閎大，可分為評論古今學術思想、「小學」、經學、校釋群書四個方面。劉是中國晚近學術思想史較早又較有系統的總結者，他的《國學發微》、《週末學術史》、《兩漢學術發微論》、《漢宋學術異同論》、《清儒得失論》、《南北學派不同論》、《經學教科書》和《中國中古文學史》等構成一個解釋發微的體系框架，條分縷析，綜貫群書，勾勒了一部中國學術史，且方法令人耳目一新，蓋他與王國維相仿是以西學詮釋中學的，又比較南北學風、區別漢宋，真知灼見時得而出，文章又珠璣咳唾，令人賞心悅目，不忍廢卷。劉還編有許多教科書（經學、倫理、文學、歷史、地理等），是中國教育體制轉換中由書院向現代學校過渡中教材編纂的模範。劉的「小學」，以字音求字義、以古語明今言、以古文字論證闡發古代社會狀況，能會通且多有勝義，他還主張文字改革，添造新字、改用拼音字、統一國語等。他的經學研究，以古文的家學背景出發，兼採今文，達到了有清一代經學的高峰。校釋古籍等則是其後期傾力之所為，覃思精研，亦嘉惠後學無計。不過對年僅中壽的劉師培而言，他的才華遠未釋放，以近代偌大一個中國風雨如磐沒有一張平靜的書桌供其人伏案，而傳統有年的「史官文化」亦令士子政治與學術相與糾纏，這一情景下劉氏聰明反被聰明誤，政治上摔了跤（這還有羅振玉、鄭孝胥、黃濬、周作人等一批典型），學術亦蒙不潔（西人如海德格爾等也受困於此），終未有精進和長足之進步，一如對其人其學稔熟之錢玄同先生所稱：其對劉後半生十餘年之學術，「說老實話，多半不同意，非因其晚節有虧也，實因其思想守舊，其對於國學之見解與方法均非弟所佩服也」（致鄭友漁信），而楊向奎先生也語其人「在政治上反覆無常，而學業亦氾濫無所歸，始於淵博，終於淵博之學究而已」。一代大師，風雲際會時嘯傲江湖，不曾想世道變人也變，變得委瑣（梁啟超「善變」卻變得純粹、精彩），只能風雨飄搖中（慘）笑熬漿糊矣。痛慨其人乎！此亦蔡元培先生所挽惜之：「向使君委身學術，不為外緣所擾，以康強其身而盡瘁於著述，其所成就寧可限量？惜哉」！

陳平原先生說：劉師培這個「個案」的意義，是他的「生命歷程體現了近代中國學人的追求和陷阱」（〈激烈的好處與壞處〉），所以，劉師培其人，人們不應把他遺忘乎？

令人扼腕的兩名遭暗殺的中國文化棟樑：

黃遠生與夏瑞芳

在中國近代的歷史上，由於社會黑暗和民族危亡的峻急，不時激起血雨腥風的「暗殺風」，而傳統意義「風蕭蕭兮易水寒」的刺客和俠士精神更為之增添了幾分悲壯和神聖，於是，中國近代歷史上，從晚清革命志士對清廷官員驚天地而泣鬼神的行刺（如史堅如刺殺兩廣總督德壽、吳樾血濺五大臣、徐錫麟行刺安徽巡撫恩銘、汪精衛謀刺攝政王載灃、溫生才刺殺廣州將軍孚琦、劉師復等謀刺廣東水師提督李準、黃興等的「東方暗殺團」行刺廣州將軍鳳山等等），到民初中國政治舞臺上的「白刃可蹈」（如陳其美等行刺上海鎮守使鄭汝成等）以及革命陣營中的內訌和誤殺（如陳其美、蔣介石之刺殺陶成章）、甚至是獨裁專制者針對民主勢力卑劣的暗殺（如袁世凱佈置的刺殺宋教仁、陳其美等），再到上世紀二、三十年代國民黨「清黨」之後的種種「黨案」和其內部派系鬥爭的暗殺狂潮，以及革命陣營針鋒相對的「特科」行動，端的是血光四濺，其中那些「志士過時有餘香」的「現代荊軻」們，他們針對漢奸和準漢奸以及所有政治身分曖昧的無恥政客，大開殺戒，而歷史上的暗殺之風亦達到了一個頂點，「暗殺大王」王亞樵和華克之、孫鳳鳴等，以及流亡在中國國土上的韓國義士、國民黨「軍統」的特務，——包括來自國民政府、各軍隊派系，抑或民間勢力以及中外各種人士組成的暗殺活動蔚為大觀，這有 1932 年上海虹口公園的爆炸案；

1933 年的行刺張敬堯；1935 年的行刺胡思溥、白逾桓以及汪精衛；1938 年的行刺王克敏和唐紹儀；1939 年的行刺周作人、陳籙、汪精衛、丁默村、劉吶鷗等；1940 年的行刺張嘯林、傅筱庵、穆時英等，煞是好看。不過，從嚴格的意義上說，暗殺這種「非正常的政治行動」，一般來說是不應該得到鼓勵的，它更多的是無政府主義和激進思潮的產物，其效果亦並非都是如其所願，且流弊叢生，更是增添了歷史的負擔，這些說來話長，這裏只舉一兩個「個案」，即歷史上若干革命壯士針對黑暗勢力而殺興大發，不料卻誤害了無辜者，甚至是有功於中華民族的傑出人物，比如中國近代新聞事業和出版事業的兩位棟樑之材——黃遠生、夏瑞芳。

1.名記者黃遠生之死

民國初年，北京報界有人稱「三怪傑」的三位名記者，他們是黃遠生、丁佛言、劉少少。「三怪傑」當時都服務於民初立憲派的《亞細亞報》，三人均號稱是「報界之矯龍」，其中特別是黃遠生，可以說在中國真正的職業記者是從黃遠生開始的，其人則「年少多才，好露鋒芒，善擊人痛處」，他的通訊不僅當時洛陽紙貴，在中國新聞史上也別具一格。不料，1915 年 12 月 25 日下午 6 時許，在美國三藩市唐人街的廣州樓內，正在吃下午茶的黃遠生被人從背後近距離連開二槍命中，迅忽殞命，此後兇手一直未獲。黃的死訊傳至國內，其生前友好紛紛指責袁世凱利用其人不成，乃派人跟蹤來到三藩市實行暗殺，以殺人洩憤，然而後來又曝出殺黃遠生的竟是當地所謂「愛國華僑」所為，即他們以為黃遠生是袁世凱的走狗，黃遠生因此成了革命的誤殺！此後，關於黃遠生之死一直是人們不時議論的一個話題。那麼，他是怎樣被暗殺、以及為何被暗殺的呢？

黃遠生（1885－1915），字遠庸，江西九江人，早年科場順利，相繼考取秀才、舉人、進士，不過，黃遠生沒有按照一般士子的人生道路行走，他最後厭惡了仕途，轉赴日本留學，學習法律，學成歸國，任清廷郵傳部員外郎、編譯局纂修等。彼時，一位同鄉官員的李盛鐸（近代著名藏書家）作為「北洋五大臣」之一赴西歐考察憲政歸國，他頗為感慨地對黃遠生說：「西洋方面那些熟悉近代史和國際情況的，大都是報館撰述人員，你如果幹這一行，將來一定是位名記者。」黃遠生聽了這話，又深感清廷腐敗，作官之意頓消，遂投身新聞界。1912 年，他與藍公武、張君勱創辦《少年中國週刊》，因言論勇於抨擊時政，立場鮮明，見解獨到，聲名大震，一時有「新中國三少年」之說，此後，他更一發而不可收拾，先後主編梁啟超創辦的《庸言》月刊，擔任上海《時報》、《申報》、《東方日報》和北京《亞細亞報》的特約記者，同時為《東方雜誌》、《論衡》、《國民公報》等撰稿，成為一代「名記」。特別是他擔任《時報》和《申報》駐北京特約記者之時，由於他善於調研，勤於採訪，以擅長撰寫新聞通訊著稱於世，被稱為是「報界之奇才」，錢鍾書的父親錢基博先生在《現代中國文學史》中說：「（黃）遠庸文章典重深厚，胎息漢魏，洞朗軒辟，辭兼莊諧，尤工通訊，幽隱畢達，都下傳觀，有紙貴之譽。」這個評價不謂不高，此外，黃遠生還是「中國的文藝復興」——「五四」新文學運動的先驅，胡適在《五十年來中國之文學》中就特別推崇黃遠生是「五四」新文學運動的「先聲」人物，羅家倫也在《近代中國文學思想的變遷》中熱情稱道黃遠生的文字，藍公武更明確指出《新青年》所提出的「文學革命」和「思想革命」正是黃遠生的未竟事業，這些評價也是後來的史家們所共同認可的。然而，記者或報人也有他們的局促，這也黃遠生死前的一番「懺悔」。

如果說新聞記者由於職業的特點經常直面社會現實，久之精於世故，為人老成，這可能是犯了以偏概全的錯誤。王國維在《人間詞話》中說：「客觀之詩人，不可不多閱世。閱世愈深，則材料愈豐富，愈變化，《水滸傳》、《紅樓夢》之作者是也。主觀之詩人，不必多閱世。閱世愈淺，則性情愈真，李後主是也。」其實，「主觀」和「客觀」未必是能分得清楚的，如記者、報人，當屬「客觀」之列，然而，以「性情」的率真而言，黃遠生則又是至性至情的。黃遠生有一部「中國的盧梭」式的《懺悔錄》，書中他自述是「墮落之青年」：「余之自身，既絕無能力思想足以自定其歸宿，則余亦只能聽之運命」，這也就是所謂「無徹頭徹尾之主義」，原來在他所身處的世紀之交的社會轉型之際，面對大眾革命與專制小朝廷、社會正義和統治秩序之間的矛盾，他以為：「革命之後，不從政治軌道為和平進行，乃一切以罷學式的革命之精神行之，至於一敗塗地，而受此後種種惡果。」這種並非虛妄的擔心加上他的「謀生之念」與所謂「愛國之念者交迫於中」，結果就是這樣的矛盾——「生活太高，嗜欲太廣，思想太複，道力太乏」，所謂「理欲交戰」，「理不勝欲，通行證以墮落；欲又不能勝理，故以苦痛。愈苦痛則愈墮落，愈墮落則愈苦痛，二者循環相生，擾擾不絕，遂令一生非驢非馬，既不能為真小人，亦不能為真君子。」這就是一個身處兩個時代邊界的知識分子和記者的真實心理活動的展示、靈魂的自剖。

民國成立後，黃遠生「立意不作官，不作議員，而遁入於報館與律師」，然而沒有多久他就感慨地說：「余於前清時為新聞記者，指斥乘輿，指斥權貴，肆其無法律之自由，而乃無害。及於民國，極思尊重法律上之自由矣，顧其自由不及前清遠甚。」這真是一個悖論了：所謂中華民國竟在言論自由的程度上卻遠不及大清帝國。接著是另一個悖論：民國建立了憲政和議會政治（也出臺了法律），卻又不及前清的「無法律」（所謂專制政治走到極端的空心化、鬆弛化），黃遠生的職業興趣為此大大受傷。此前，他有著新聞記者的「潔癖」，他評論新聞往往「不存成見」，他是骨子裏崇尚獨立的記者，「沒有絲毫偏袒哪一黨的意思」，而「這種不存成見，公平評論的氣度，亦是很可佩服的」。（《黃遠生遺著・序》）然而，在上述的語境下，作為一個新聞記者，他的「潔癖」和追求就要大打折扣了，黃遠生痛感自己和自己的同道真「一大作孽之事也」，要麼無法直抒胸臆，要麼墮入惡趣（「以今法作報，可將一無辜良善之人，憑空誣陷，即可陷其人於舉國皆曰可殺之中。蓋一人杜撰，萬報騰寫，社會心理薄弱，最易欺朦也。」）黃遠生就是在左右為難的窘況下成為「尷尬人」的。

黃遠生的時代，正值袁世凱鎮壓「二次革命」之後實行報業管制，僅從 1912 年 4 月到 1916 年 6 月的統計，被封閉的報館已達七十一家，受到傳訊的有四十九家，被完全搗毀的則有九家，其中有二十四位報人被殺害、六十餘位報人被捕。當然，袁世凱知道光憑暴力是不行的，控制輿論最妙的莫過於「盡得風流」的不著痕跡，那麼，不露任何暴力的痕跡，最有效、最兇險的又莫過於「潛規則」的「淘汰」法，即拉攏、收買有清名的報人，造成「天下烏鴉」也即「偽劣驅逐良劣」的局面，從而又造成天下人人「犬儒」的局面。1915 年秋，袁世凱看中了黃遠生這位名滿海內的名記者，欲設法將之羅列在門下。開始時，袁氏強邀黃遠生擔任御用的上海《亞細亞報》總撰述，黃遠生心雖不願，卻也不敢一口回拒。隨後，袁又派人向黃表示：如能撰寫贊成帝制的文章，則將酬謝十萬元，並奉送一個部長的席位。面對這種明目張膽的威脅和利誘，可以想見「潔癖」如黃遠生他的煩惱了。他想拒絕，但又經不起袁氏的再三催逼，想來想去，只得寫了一篇「似是而非」的文章去搪塞。袁氏不滿意他的搪塞，又派人逼他重寫頌文，黃遠生這才如夢方醒，他萬難從命，深知再也不能與魔鬼周旋下去了，遂悄然離開北京。在抵達上海之前，他在《申報》的頭版刊登出反對帝制的啟事，明確表示「此次籌安會之變更國體論，……實難贊同一日」。此後，他又連續在《申報》和《時事新報》刊登啟事，宣佈脫離和辭去《申報》駐京通訊員和上海《亞細亞報》的撰述（居心叵測的《亞細亞報》在廣告中仍將之稱為該報總撰述，黃遠生再次在《申報》發佈聲明，宣佈自己與《亞細亞報》無關。）十月二十四日，為擺脫袁世凱黨徒的進一步逼迫和輿論對他的誤會，黃遠生索性「惹不起躲得起」，買舟渡洋，離滬赴美。

不料，甫到美洲的黃遠生隨即被革命黨首領林森派來的殺手所暗殺。林志鈞在《黃遠生遺著》的序言中說：黃的「致死原因，簡單說來，就是對於某黨中之某部分人，一向太瞧不起，而自己又在北京混了多少年，因為新聞事業的關係，又有人要利用他。帝制事起，他尚不在意，到了某內史直接要他作篇文字，表示贊助之意，於是遠庸大窘，一連七八天，他想延宕不作。那邊天天一封兩封信的催促他。某日，他做了一篇論文，似是而非的，表示對於帝制之意，在遠庸以為並非怎樣贊成。」然而，「遠庸只為了這一念所誤，竟得了這樣結果，並且受了袁黨的嫌疑，究竟誰能諒他呢。」作為以「獨立」為職業操守的黃遠生，在彼時的場景中，必然是兩邊得罪，即既不能公開與中央政府形態的北洋當局破裂，又不能與革命勢力同步，他只能在夾縫中存生存，而當時進步輿論是這樣抨擊袁世凱的：「當時有一派反對袁的人，無論什麼，總要把袁帶上罵他一二句，遠庸卻不是這樣極端的謾罵。然他極言民國必敗於袁氏之手。」又據林志鈞的回憶：黃遠生在撰寫了那篇讓他最終丟掉性命的文章後，曾拿給林志鈞看，他在林的勸說下，「把那篇論文末一段又改了，比原作分量更輕，聽說袁看了不滿意，又叫人示意遠庸，要他再作。遠庸到了此地，再無可轉身了，設使他竟變了根本的宗旨，豎起降旗，那麼我們今日也再不必提起黃遠庸三個字。然他到了緊要關頭，始終不肯遷就。那幾天是他一生最不幸的境遇，又算是他人格上爭死活的最後一關。」結果呢？他仍然躲不過這場劫難。

黃遠生之死，是一個典型的「個案」，它反映出彼時知識分子若要實現自己的人格獨立，實在是難上加難。正如黃遠生在《懺悔錄》中所形容的自己的處境：「似吾一身，分為二截。其一為傀儡，即吾此身。另自有人撮弄，作諸動作，其一乃他人之眼光。偶然瞥見此種種撮弄，時為作嘔。此傀儡者之名片、之銜號，實乃多種，曰學生；曰官吏；曰新聞記者；曰政客；曰律師……吾身如一牢獄，將此靈魂，囚置於暗室之中，不復能動。」所謂「無冕之王」的新聞記者，其實也只是一「傀儡」爾，以天下之大，萬物皆在「牢籠」之內，而「牢籠之力大，抵抗之力小。百端衝突，皆屬無效。」黃遠生因此感慨「常人一生，蓋如由平地而漸入隧道，蜿蜒曲折，漸由光明而入於黑暗，其光明漸漸熹微，漸漸微黑，漸漸真黑，最後墮落，達於極地。故余歷數余之平生，雖泛泛一尋常之人，但少年為學生時，尚有一二事，刻入腦影之中不能磨滅，漸漸則不復有不能磨滅之事實，而僅有不能磨滅之思想，漸漸則並此思想消歸無有，綜其所有，惟罪惡與過失。余於清醒時，平旦時，常欲用大力驅除其出於腦影，而消滅其苦痛者也。」這真是那一個時代的悲劇。

林志鈞在《黃遠生遺著》的序言中說：「自民國元年至四年，雖然很短的時期，然而實占我國現代史上極重要的部分，推翻幾千年的皇帝陛下，創行全亞洲全黃色人種所未曾試驗的民主政治，中間經過無數的波折，及奇怪的黑幕，遠庸嘗說：『我國之政治舞臺乃有黑幕而無明幕』。他是天天在這個大舞臺包廂聽戲的人，他是預備做戲評，所以來聽戲的。他自己沒有唱戲，卻極希望改良戲劇的一個熱心家，可憐把他也混在沒明不白的黑幕裏邊毀了。」後人認為：「民國成立之後，都門記者，因文而召殺身之禍者，當推遠生為鼻祖。」至於殺手，當時或稱「一時袁家群小，恨其翻覆，而有走一勁敵之憂，故終得殺身之禍」，這是誤判，真正的殺手是反清陣營的林森所為，即黃遠生之死一案，其真相大白之時已是袁世凱作古七十多年以後了，當年刺殺黃遠生的兇手劉北海在二十世紀八〇年代中期在臺灣臨終之前，道出全部真相，原來當年他執行的刺殺使命竟是中華革命黨美洲支部所指使，並由後來擔任國民政府主席的林森直接指揮，至於暗殺的命令，更是來自當時中華革命黨的黨魁。這說明在彼時，你要號稱自己是「無徹頭徹尾之主義」，甚至以職業之限不免對袁氏也有鼓吹之嫌，那麼，你只有一死了。所謂政治，正是如此的剛性。於是，「方三藩市被刺之耗來，袁家報紙異口同聲，罵亂黨之不仁。吾人至愚，不知此不仁之亂黨，果何為而必欲手刃一文弱之遠生也」，這是某些報紙的評論，說的未必不是道理。再後，1916 年初，黃遠生的遺骸由當時中國駐美公使顧維鈞運回上海，並在上海舉行了一個頗為隆重的追悼會，當時袁世凱臭名昭著的幾個所謂智囊人物和「臣記者」如楊度、薛大可、康士鐸、烏澤聲等還聯名在報紙上刊登啟事，為黃遠生的喪事和其遺孤的撫恤作呼籲，這倒也不是惺惺作態，或許真是兔死狐悲，因此又有人稱黃遠生的死，是「死於君憲，死於聰明之過人，死於主張之不堅定」，雖然此前他已經深自「懺悔」，但「終未舉懺悔之實，才有餘而道心不足，是又後來新聞記者之鑒矣。」

黃遠生之死，是震撼中國新聞界的一個大事件，它對中國的新聞記者和報人是極具警示和啟示的含義的。反過來說，從他的死再回溯到他的生，更能讓我們看到完整和清晰的一個報人的人生。

2.出版先賢夏瑞芳之死

林森殺了黃遠生，此前喜歡搞暗殺（自己最後也死於暗殺）的革命黨人陳其美則又暗殺了夏瑞芳，這真是讓人百感交集。

如人所說：如果說蔡元培的北大的影響能達廟堂之高，那麼，夏瑞芳開創的商務印書館的影響則可屆江湖之遠了。堂堂北大出學人，巍峨「商務」呢，當不在北大之下，所謂書強於人——《辭源》、《四部叢刊》、《萬有文庫》、《叢書集成》、《百衲本二十四史》、《漢譯世界學術名著叢書》，等等，全係「商務」所出，由是「商務」堪稱近代中國文化傳播的搖籃和中心，當年夏瑞芳偕鮑咸恩、鮑咸昌、高鳳池等於 1897 年創辦商務印書館，此後歷盡風霜，飽經劫厄，終成中國出版史上空前絕後的巨擘，至今仍惠人無數。然而，它的開創人夏瑞芳竟也屈死於革命戾氣直沖霄漢的年代，可悲復又可哀。

夏瑞芳（1871－1914），字粹芳，上海人，他十一歲時隨幫傭的母親由青浦到上海，後在清心堂小學和清心書院讀書，期間信奉了基督教。十八歲畢業後，先在同仁醫院學護理，一年後進英文《文匯報》（The Shanghai Mercury）館學排字，後來又先後在英文《字林西報》（North China Daily News）、《捷報》（The China Gagette）做排字工人，就是在這幾家報館中，一位區區的排字工人成長為一個中國文化的棟樑之才。

在報館，洋人往往頤指氣使，對下屬也是動輒呵斥，排字工人的夏瑞芳和鮑咸恩不堪凌辱，約了幾個朋友，準備自辦印刷所，1896 年，他們籌設股份彙聚資本，認股者有沈伯芬、夏瑞芳、鮑咸恩、鮑咸昌、徐桂生、高鳳池、張桂華、郁厚坤等，隨之中國第一家現代意義的出版機構——商務印書館誕生了。此後，夏瑞芳身兼數職——總經理、校對、收賬、買辦、供銷，與眾人戮力同心，使這一出版機構漸有起色，逐漸入了正軌。加之欣逢時代之利，十九世紀末勃興的思想文化觀念的革新浪潮給商務印書館帶來了前所未有的機遇，正如高鳳池在《本館創業史》中所說：「甲午失敗之後，痛定思痛，變法自強，廢科舉、興學校，差不多是朝野一致的主張。正是維新時代，小印書坊設得也很多，機會極好，所以說商務的成功半由人事半由機會。」至於開辦地的上海，它無與倫比的經濟地位和相對寬鬆自由的言論空間更使其成為西學東漸的橋頭堡和渴望自由的中國文人的一大淵藪，它為「商務」的乘風破浪開闢了廣闊的世界和儲備了充足的人才。當然，個中企業家的作用也是舉足輕重的，而夏瑞芳的卓識和膽略也決定了「商務」此後幾十年的命運，如他斷然出版「商務」第一書——《華英初階》，讓這一本漢英對照的教科書在十里洋場上一版再版，這不但使「商務」成功地掘到了「第一桶金」，也由此堅定了「商務」涉足出版業的信心，而「信心比黃金更重要」。此外，企業成功的經驗無一不是要求企業家有能審時度勢和掌握先機的本領，更要懂得選賢任能各盡其才的眼光，夏瑞芳對「商務」更加影響深遠的另一個決斷，就是他「慧眼識英雄」，延請了張元濟的入館（任編譯所所長。此後張元濟推薦了翻譯家嚴復、林紓、伍光建和蔡元培等的譯著在該館出版，奠定了「商務」的實力和影響），此前張元濟在南洋公學執教，月薪一百兩銀子，夏瑞芳招攬他入館，卻給他月薪三百五十元的酬勞，這不僅是對張元濟一人，此後他延攬人才，不僅薪金高，而且是實心實意的尊重人才，這樣才使得「商務」積蓄了人才（這有高夢旦、蔣維喬、沈雁冰、楊賢江、葉聖陶、胡愈之、鄭振鐸、章錫琛等），人才優勢的「商務」才能審時度勢，在時代大潮下不斷變革，使商務印書館從印刷業向出版業順利轉型，並使其由此前的純商業追求平添了文化報國和啟蒙民智的燦爛色彩，儼然成為一大「文化泰山」。

夏瑞芳擔任商務印書館的經理，除出版了大量教科書和各種讀物外，還創辦了《外交報》、《東方雜誌》、《教育雜誌》、《小說月報》、《少年雜誌》等，他還不斷培訓出版人才，組織國外考察，引進先進印刷技術，對商務印書館的早期發展作出了重要貢獻。這一期間，他與日本的出版機構多有聯繫，勿庸置言，在近代，日本各方面都走在了中國的前面，出版亦然，就在「商務」建立之初，夏瑞芳就親赴日本考察，訂購印刷設備和器材，後來他還收購了日本人在上海的一家「修文印刷局」，利用它較為完備的設備率先在國內用紙型印書。1903 年，夏瑞芳與日本「金港堂」合資成立股份有限公司，夏任總經理，此後參照日本的管理和技術（引進網點照相、彩色石印、凹版印刷、馬口鐵印刷術等，又派人赴日本學習照相製版，用珂珀羅版印書，並請美國技師指導試製三色銅版，此後在不長的時間內，該館的印刷質量在全國獨樹一幟），編輯出版了《小學最新教科書》等許多銷路很好的中小學教科書，經濟效益亦十分可觀。此外，「商務」已建立了自成體系的發行網，並在二十多個城市設立了分館，資本和職工激增，館內還設立了藏書樓的「涵芬樓」、職工業餘學校的「商業補習學校」以及職工福利性質的「尚公小學」、「養真幼稚園」、「孤兒院」等，而「商務」業已成為國內首屈一指的大型文化出版單位。可以說，夏瑞芳為此做出了極大貢獻，同時他還熱心於社會公益事業，當選為上海市總商會的董事。也就在夏瑞芳處於自己事業的鼎盛之時，當時社會上對日本在華不斷擴張勢力表示十分反感，夏瑞芳也是愛國的企業家，他順應潮流，在 1912 年提出收回日股的建議，此後他幾次親赴日本，與「金港堂」洽談，最後達成協定，使日資撤回，「商務」成為純粹民族資本的文化企業。

就在這不久，1914 年 1 月 10 日傍晚，夏瑞芳下班回家時，在商務印書館的河南路棋盤街發行所門口，卻不幸遇刺身亡，終年四十三歲。若說刺客是因為「商務」與日人有合作的「污點」，但當時商務印書館剛剛公佈了「收回日股」的通告，正如「商務」精英胡愈之所說：「商務印書館的創辦人夏瑞芳是一個企業家，他首先主張同維新的知識分子結合，再是認清了需要利用日本資本和技術，最後把日本股子收回來，他可說是民族資本家中的一個傑出人物。」因此，斷無因此暗殺夏瑞芳的理由。那麼，暗殺夏瑞芳的理由只能是這樣的了，即：傳說夏瑞芳曾反對同盟會的上海都督陳其美駐兵閘北，抑或夏瑞芳沒有資助過陳其美而身遭不測，在《張元濟年譜》中，曾認為夏瑞芳之死「乃因先前出於維護商界利益，曾聯合諸商抵制滬軍都督駐兵閘北，陳嫉恨之，唆使人暗殺。」這應該就是夏瑞芳之死的真實原因了。原來，此前 1913 年 7 月，在反對袁世凱的風潮中，同盟會的陳其美宣佈上海獨立，黃興則任命陳其美為上海「討袁軍」總司令，此後南北戰爭一觸即發，上海商界自是一片恐慌，為此還成立了上海「保衛團」，藉以維持治安，並試圖調停南北紛爭，在商言利，必要的秩序是商業的生命線，這當然都是可以理解的。當時上海租界工部局以「中國商民夏瑞芳等人要求保護生命財產」為由，曾派遣總房巡捕三十多人至閘北福州會館，驅逐上海「討袁軍」司令部，駐守司令部的蔣介石所部二〇七人被繳械，由此種下了夏瑞芳被刺身亡的緣由。

夏瑞芳不是袁世凱的黨徒，卻流血於革命黨暗槍之下，這也應了「革命革命，多少假汝以行」的話。（夏瑞芳和清廷上海守備使北軍將領鄭汝成都是被陳其美所策劃暗殺的，陳還派人暗殺過與之爭奪上海都督位置的光復軍領袖李燮和，事雖無遂，但也將李燮和從上海嚇跑。陳其美還曾在不經任何法律的情況下，將鎮江軍政府總參謀、攻克南京有功的江浙聯軍參謀長陶駿葆槍斃，並企圖暗殺鎮江軍政府都督、北伐軍臨淮總司令林述慶。）那是非赤即黑的年代，商人，以及記者等等，這樣的「灰色階層」，由於沒有成熟的自治的「市民社會」的奧援，只得在時代的夾縫中苟活，抑或死亡——「生存或死亡，這是一個問題」。

不過，耐人尋味的是，夏瑞芳遇刺兩年多後，陳其美也被袁世凱收買的張宗昌暗殺於上海，那是一個崇尚鐵血的年代。這是否是又一不幸呢？歷史的推進或倒退，為什麼都由「鐵」和「血」來為動力呢？黃遠生的「通訊」、夏瑞芳的「書刊」，在這中間又有什麼樣的作用呢？

徐高阮何以「告別革命」？

提及晚近的歷史，有一個不可不提的人物，他就是曾是抗戰前北平學生運動「元老派」首領的徐高阮。

徐高阮（1914－1969 或 1979），字芸書，浙江杭縣人。徐高阮早年在北大、清華讀書，上世紀三〇年代曾是北方學生運動中的活躍人物，並曾在中共黨內擔任要職（中共北平市委組織部長、宣傳部長等），他還是清華大學最老的一批黨員，最後卻因與黨內部分領導在思想上產生了分歧，被開除出黨。

1.革命與「告別」革命

當年徐高阮是清華哲學系大三的學生，也是那時，他成了在「水木清華」投身政治運動的一個弄潮兒，當時他曾組織和參加了「社會科學研究會」（中共週邊組織「社聯」的前身）和「現代座談會」等進步團體，又加入了共產黨，後來是中共北平市委組織部長，創辦過《時代婦女》、《學生會週刊》等。

1935 年年初，徐高阮被捕，隨即被押送至國民黨南京憲兵總部，當時與之同案的還有其清華同學的王瑤、柳無垢、張宗植、張鳳閣等，在這些人之中，有許多是「一二九」運動的發起者和參與者，他們與蔣南翔、楊述、韋君宜（魏蓁一）等都是同一戰壕中的戰友，其中還有一個不可不說的人物——許留芬，清華經濟系的女生（即如今華人演藝界的著名明星王力宏的奶奶，她也是歷史學家許倬雲的姐姐），據說當年就是徐高阮的革命戀人。卻說清華中共黨組織在遭到兩次大破壞之後，學生運動陷於低潮，一時間白色恐怖籠罩清華園，而未被捕的蔣南翔等臨危不懼，繼續堅持戰鬥，他們發起了募捐，支援被捕同學，當時蔣南翔還和九級同學的許留芬還一同到北京東城錢糧胡同去探望被視為「要犯」而被關押在憲兵第三團的徐高阮和張宗植等。

無疑，這是徐高阮的一段光榮歷史，不過，問題是後來他獲釋不久，在中共黨內有了一場「北平問題」的糾紛，徐高阮等針對形勢的變化，提出「無條件的統一」、「知識救國論」等言論，隨之，徐高阮等與中共主流有了嚴重的思想分歧，從而徐高阮最終被開除出黨。

原來，1936 年夏天，中共北平市委內部在學生運動問題上發生了嚴重的分歧，原市委宣傳部長的徐高阮等給北方局寫信，指出：北平市委領導在中日矛盾進一步激化的形勢下，未能及時組織和領導學生運動，進而他提出「過去全黨是腐敗的，舊的幹部都是官僚」、「舊瓶子不能裝新酒」等，主張「實行一個徹底的黨內革命」來「肅清舊人物」，改組北平市委。這一事件因隨之在黨內引起了風波，遂被稱為「北平問題」。事發後，劉少奇正逢就任中共中央駐北方局代表，他經過仔細的研究，寫了〈關於北平問題〉一文，從整個北方局和全黨的角度對這場黨內爭議進行了總結，文章中，他嚴肅批評了徐高阮等人的錯誤觀點，並有針對性地提出「舊瓶子洗一洗是可以裝新酒的」，即：「只要看我們極大多數的幹部和同志那種刻苦、堅持、忠實為黨工作的精神，就知道我們的幹部是很好的」，而且「除開他們以外，黨再沒有別人可依靠」，「黨不能採用自殺的辦法去『肅清』他們」，「黨現在不應該輕易去打擊與撤換一個幹部，除非是那些堅持錯誤、不願學習的人。過去那種隨便『鬥爭』、隨便打擊與大批撤換幹部的辦法是錯誤的。」此後，在批評了徐高阮等的想法後，中共北方局又調整和充實了北平市委的領導，到了 1936 年夏，彭真被調任中共中央北方局組織部長。

上述所說的「北平問題」，實即清華學生左派的一場分化，即在 1936 年 9 月，蔣南翔（曾任中共清華大學黨支部書記、中共北平西郊區委書記）和徐高阮分別致信中共北方局，談及中共北平黨組織內部發生分歧的情況，後者的徐高阮和蔣弗華等當時在《學生與國家》、《國聞週報》等刊物上發表了〈青年思想獨立宣言〉、〈論共產黨問題〉等文章，提出「青年運動必須讓真正的原始感情支配」，「莫再傍人門牆，好回到自己的天真，樹立起自己的意見」，即主張「青年運動」應該走獨立的道路，不受黨派的影響（既要擺脫三民主義對青年學生思想的束縛，又要擺脫馬列主義對青年學生思想的「束縛」），又提出「無條件統一論」，主張解散當時的「學聯」和「民先隊」，從而與中共北平市委（李葆華等）以及清華大學的中共組織（蔣南翔等）產生了尖銳的分歧。這些分歧，還產生於黨組織內部的某種狀況，即當時一些開展過工農工作的領導人與學生出身的幹部在工作方式和生活習慣上有很大的差距，這導致他們在工作中常因此不能取得一致的意見，由此影響了工作的正常開展。

鑒於中共北平黨組織內部發生嚴重分歧，以及民族矛盾卻不斷上升的嚴峻鬥爭形勢，為了改善黨的領導、儘快消除黨內的意見分歧、加強對黨對抗日救亡工作的領導，劉少奇遂派彭真以中共北方局代表的身份赴北平具體指導工作，當時彭真聽取了中共北平市委書記李葆華和中共清華大學黨支部書記趙德尊等的彙報，又到清華大學具體瞭解清華黨組織的情況，分別與蔣南翔和徐高阮談話。此後，在 1936 年 12 月至 1937 年 1 月，彭真兩次主持召開了中共北平學委擴大會議，與會者有黃敬、蔣南翔、李昌、高承志（北平「左聯」中共負責人）等（會址設在張瑞芳家），至於會議的主要內容，則是貫徹中共中央關於抗日統一戰線的精神，統一思想認識，以及研究今後「學運」工作的開展。這兩次會議，彭真對徐高阮提出的「舊瓶不能裝新酒，要徹底肅清老幹部」的論調提出了批評，排除了徐高阮等的思想干擾和影響，以保證中共新提出的統一戰線策略的貫徹執行。

以上「北平問題」的背景之一，是 1935 年中共在陝北召開瓦窯堡會議之後提出抗日民族統一戰線方針，當時黨內還有一個關於擴大發展黨組織的決定，即指示凡是積極擁護抗日的都可以發展入黨，為此徐高阮與中共北平黨內部分反對這個決議的人產生了分歧。據後來接任徐高阮中共北平市委組織部長的李雪峰回憶：「1936 年 6、7 月份，徐高阮和另一個同志向北方局寫信告市委的狀。主要是批評市委不懂新形勢，不能放手搞統一戰線。他們認為市委過分強調組織的紀律性和純潔性，工作死氣沉沉；老同志多是『關門主義』老一套，難以教育過來，說『舊瓶不能裝新酒』，主張撤換這些同志。他們的批評有一定道理，但有些觀點則是錯誤的。」顯然，這是一場黨內的紛爭，此後經過彭真的調查和解決，市委得到改組，當時中共北方局機關刊物《火線》刊物也刊登了劉少奇化名「KV」的文章，彭真也發表了文章，「劉少奇在文章中，批評的主要錯誤是不懂黨的新策略；肯定了徐高阮意見是正確的一面，但也批評了他的錯誤意見」，即除了不應該排斥老同志之外，對新的同盟者也不能放棄批評的武器，等等。李雪峰以為：劉、彭當時是代表黨中央的正確政策，徐高阮呢？他以為「現在就是抗日愛國，統一戰線中沒有階級鬥爭了，不存在爭奪領導權的問題」，「他這種觀點實際上就是不要保持黨的獨立性，是一種投降主義傾向」，最後「為了批評、挽救他，聽說省委找他談過話。但是他聽不進去，繼續堅持錯誤，而且在資產階級的報紙——天津的《大公報》上發表文章批評黨（他和該報的經理王芸生很熟），直至採取自由行動，實際上是脫黨了。最後他被開除出黨」。（李雪峰〈1936 年 1 月至 1937 年 1 月中共北平黨組織及其活動情況〉）

徐高阮被開除出黨，成為「北平問題」最後的結局，這也在某種程度上反映了形勢急劇變化之下中共新政策的動態調整，徐高阮由於剛愎自用，拒絕接受意見，從而在政治上出局，對此，當事人是這樣解釋的：當年也是清華學生左派的趙儷生先生回憶說：當時，「清華園中很早的共產黨人之一」的徐高阮與蔣弗華二人編了個刊物《學生與國家》，請顧頡剛題的簽，他們在刊物中「表達了他們跟正統的革命不太相同的道路」，後來徐高阮還在天津《國聞週報》發表了〈談談共產黨問題〉、蔣弗華則在《學生與國家》發表了〈青年思想獨立宣言〉，於是，「這就闖下大事（禍）了」，不過，「平心靜氣而論，那兩篇東西不過是反對『左』傾路線而已，若在今日反『左』人人皆知的情況下，也算不了什麼。但在當時就幾乎等於『叛變』。試翻歷來編寫的一二九運動史上，千篇一律給他們頭上加一頂帽子：『右傾投降主義』，好大、好嚇人的一頂帽子呀。於是乎，徐高阮到了大西南，成了陳寅恪的助手。那麼蔣弗華呢？他的下落知道的人很少。」另一個當事人的張宗植（後為日籍華裔企業家，撰有懷舊文集的《比鄰天涯》）則回憶說：以上的歷史場景，「這是一個較深層的現實問題，我無經驗無從判斷，他（即徐高阮。筆者注）感到有一些領導幹部理解力不夠，當然也是有可能的，任何團體組織的領導都有個人差別，不會有百分之百都是理想的完美的領袖。」顯然，他們另有說法，或者別有苦衷。

2.再說「北平問題」

當年的「北平問題」無疑有著進一步予以銓釋的空間。

據《李昌傳》（周士元著，哈爾濱工業大學出版社 2009 年版）一書：當年由於抗日形勢發生劇變（特別是「西安事變」之後），中共的新精神還不能很快地傳達到地方，這導致「學運」發生混亂，如北平和清華就分化為左、右兩派（即「擁蔣派」和「反蔣派」）和清華的「同方」、「大禮堂」兩派，以及「學運」高層的「元老派」和「少壯派」，「元老派」多為高年級的學生，他們參加「學運」的時間較早，也多是黨團員，他們以市委宣傳部長徐高阮為代表，遂與李昌等低年級的左派學生發生分歧，即前者「傾向於走上層路線，不重視發動基層群眾」、「強調理論研究，輕視實際工作」、「主張無條件服從統一戰線，服從政府指導」，等等，徐高阮和黃刊（即王永興）還在《國聞週報》發表「批評中共路線」的文章。這反映了當時中共高層「一切通過統一戰線」和「獨立自主」的複雜鬥爭，換言之，也即得到共產國際和史達林支援的王明與毛澤東之間的分歧和矛盾。

不過，說到底，這畢竟是黨內的分歧，至於「一二九」運動後「民先」內部的分歧（即「少壯派」與「元老派」的分歧），在多大程度上是上述歷史背景下的分歧，還有待澄清。所謂「元老派」，如徐高阮、蔣苐華、黃刊、高承志、吳之光等，後來幾乎都消失在政治的地平線之下，而一些當事人對其多少有些遺憾之感。如徐高阮，據說當年頗有地下工作者的「天賦」，如「詭秘、倨傲、聲東擊西」等，「令人捉摸不透」，在他的周圍，曾聚集了許多「差不多老資格的同志」，乃至形成了一個被稱作「元老派」的圈子（徐高阮當時的黨內代號是「老王」)，而「元老派」諸人「或多或少都對徐高阮有些崇拜」卻看不起「少壯派」和某些「黨內水平不高的『負責幹部』」。至於這兩派的分歧，「大體上是『少壯派』重視發動群眾（指廣大大、中學生），而『元老派』則重視聯繫上層工作（指對二十九軍高級將領、教授和社會名流多做統戰工作）；『少壯派』重視實際行動而『元老派』則重視理論研究；更重要的是『少壯派』強調在統一戰線中無產階級要保持獨立自主，『元老派』則傾向於一切服從統一戰線，一切通過統一戰線，等等」，這應該是早已有了歷史的結論了，不過，有人則以為：「我覺得，『元老派』的某些主張也未嘗沒有點道理，他們的最大錯誤只是在敵人面前把黨內的原則分歧公開了出來」，而且「我總覺得讓一些有才能的人離開了革命隊伍是一件令人遺憾的事」，但「當時在大多數『民先隊』隊員看來，『元老派』當中某些人是必須清洗掉的，否則就不能保持革命隊伍的純潔性和獨立性」。（黃秋耘《風雨年華》）如是而已。

也就是說：當年徐高阮等「元老派」的出局和消失，有遺憾之處，也有其必然之處。此外，很重要的一點，是「元老派」最終是離開了革命隊伍而投靠了自由主義陣營。一如李雪峰所回憶：當年徐高阮的離去，就與《大公報》的王芸生頗有瓜葛，而當年《大公報》不啻是中國資產階級自由主義的輿論重鎮，彼時自由主義者的胡適和王芸生等都曾「忍不住」教訓學生「只有拚命培養個人的知識與能力才是報國的真正準備功夫」，主張「個人」顯然是要排斥「組織」的，而所謂「自由主義」的原則之一就在於承認「社會的進步是一點一滴的進步」(〈胡適氏為學生運動進一言〉，發表於1935 年 12 月 13 日《大公報》)，至於自由主義的言論方式，也就是「不矜奇，不立異，老老實實，平平常常，一切循平常軌道而行，直接養成堅實的輿論，間接促進社會堅實的風氣」(王芸生《新聞事業與國難》)。無疑，受彼的影響，徐高阮最終服膺於「代表社會老成份子的傾向」，他籲求「全國的一切力量，各方面的政治軍事經濟社會力量，在大患之前，無條件的統一起來。」(《論無條件的統一》)在他的帶領之下，黃刊的〈北方青年的迴響〉、齊思和的〈讀書與救國〉等，都代表了這些後來成為「清華學派」的學者其立身處世的姿態。

也是在「西安事變」後，中共倡導的統一戰線方針得到廣大社會階層的認同，一般人士亦亟求全國形成一致對外的局面，此時的《大公報》本其「文人論政」和「不偏不倚」的風格，從主張「明恥教戰」、「讀書救國」到倡導「國家中心論」，這代表作就有王芸生在《國聞週報》發表的六篇〈寄北方青年〉，他鄙薄學生運動「浮動」，規勸學生不為五彩繽紛的標語口號所迷惑，主張以國家利益為重。彼時的徐高阮回應王芸生之請，也在《國聞週報》陸續刊登了〈論共產黨的問題〉、〈談一位左派文人的自白〉、〈學生運動的檢討〉等，徐高阮進一步主張反對民眾運動中的宗派主義、反對黨派狹隘色彩的團體組織，這當然不能被有過足夠經驗教訓和時刻警惕領導權問題的中共黨組織所漠視和認可，於是中共北方局和北平工委（蔣南翔書記）開展與徐高阮等的鬥爭也在情理之中，當然，當時對徐高阮，也有爭取其回心轉意的挽救之意，無奈徐高阮意見固執，「劉少奇讓他到延安去解決，他不肯去，還要繼續辯論，最後被開除出黨。」(高承志《我在清華大學期間參加革命活動的回憶》）又據《劉少奇傳》一書：1936 年「六、七月間，原中共北平市委宣傳部長徐高阮和另一個人，卻就此(即發生北平「三三一」抬棺遊行的左傾學生運動後，又相繼發生了天津「學聯」發起的「五二八抗日大遊行」、北平「學聯」的「六一三北平抗日大遊行」，對此，劉少奇和中共北方局批評了學生運動在「三三一」事件後走向另一極端，對群眾運動變得縮手縮腳。筆者注）給北方局寫信，否定北平市委的工作，提出『過去全黨的腐敗的，舊的幹部都是官僚』，『舊瓶子不能裝新酒』，主張『實行一個徹底的黨內革命』來『肅清舊人物』，改組北平市委。由此在北平黨內引出了一場風波，當時被稱為『北平問題』」，劉少奇為此寫了〈關於北平問題〉一文，在《火線》的「北平問題專號」發表，文章批評了徐高阮等的觀點，認為他們對黨內狀況的看法是錯誤的，「誰看不見我黨十年來這些最偉大的成功誰就是瞎子」，而且「舊瓶子洗一洗是可以裝新酒的」，「黨不能採用自殺的辦法去『肅清』他們」，「過去那種隨便『鬥爭』、隨便打擊與大批撤換幹部的辦法是錯誤的」，但是「後來徐高阮卻因對黨不滿，採取了自由行動，實際上脫黨了，最後被開除黨籍」。

徐高阮就此「告別革命」。當然，如果他聽了劉少奇的意見而去了延安，或者是承認錯誤而留在黨內，那麼，他的後來會是如何？這一想像的空間也是足以讓人思緒萬千的了。

3.「告別革命」之後

「華北之大，安放不下一張平靜的書桌。」這是「一二九」運動時的名言。此後呢？以中國之大，有一張可以安放的平靜的書桌嗎？

徐高阮「告別革命」之後，據他的清華同窗張宗植的回憶：抗戰時《新華日報》曾刊登廣告尋找徐高阮和張宗植，這說明即使「元老派」離開了革命，人們還沒有忘記他們。又據于光遠《青少年于光遠——大學問家于光遠老人講他過去的故事》（華東師大出版社2003年版）一書：「一二九」運動時期，在「南下擴大宣傳團」的清華同學中，于光遠結識了一些很談得來的人，其中如蔣弗華，他「是個頗有才能，也很會寫文章的人。我同他也交上朋友。後來他跟著徐高阮（徐芸書）對黨的路線政策不滿。1937 年春，我從廣州到北平，一次去清華見到了他，他在我面前講了一些不滿黨的意見，並且說要成立 NEW CP（新共產黨），希望我同他合作。我和他爭論了一場，他恍然大悟地說：『原來你也是毛澤東他們那樣的看法。』兩個人就談不下去了。」

這真是說徹底的「告別」的時候了。以後我們所看到的，是作為粹然學者的他們了。

1937 年 10 月，清華大學內遷到了湖南長沙。徐高阮離開北平後，據說先在上海滬江大學讀書，後來又赴後方，跑到長沙臨時大學，隨後又在雲南昆明文林街的西南聯大歷史系讀書。其時，陳寅恪任教於西南聯大，講授魏晉南北朝史，這是每週兩小時的專題研究課，聽課者十餘人，有徐高阮、王永興等。時值國難方殷，陳寅恪講述東晉初年南渡僧人支愍度故事，並致意於發揮，意思是要弟子忠於學術良心，不要曲學阿世，可謂深意存焉。此後陳寅恪還講授有隋唐史、佛經翻譯文學等。早在清華時，徐高阮就十分敬重於陳寅恪，此時西南聯大中文系的王永興和哲學系的徐高阮聽了陳寅恪的一堂唐史課，更大為震撼，課後，徐高阮和王永興找到學校的教務長潘光旦，徐高阮和王永興要求馬上轉到歷史系，對此王永興後來回憶說：當年的「課後，高阮兄和我均極振奮，能遇到這樣的教師是最大的幸運，我們要一生從寅恪先生受教，因而要轉系。」得到潘光旦的批准後，兩人如願進入歷史系，不過，徐高阮早年因被國民黨逮捕入獄兩年，王永興則是因病休學一年，倘若要轉系的話，此時的徐高阮就要讀到七年，王永興要讀到六年，然而兩人對此毫不在意，堅持轉系，而後來他們因此都成了陳寅恪門下的得意弟子和傳人。

西南聯大時期的徐高阮，據王永興〈懷念（丁）則良〉一文：當年在昆明的這一段時間，經常在文林街「先生坡」程應鏐和李宗瀛的住所出入的，有徐高阮、王勉（即鯤西，晚年著有《清華園感舊錄》)、丁則良、王永興、程應鏐、李宗瀛、翁同文等，他們「談抗戰，談讀書，指點江山，品評人物」。程應鏐則在《自傳》中回憶：「我在聯大的第一學期，便和王永興、李宗瀛、徐高阮、丁則良等出過一張叫『大學論壇』的壁報，論政，論學，論文，為另一些同學不滿，在壁報中進行筆戰。我們都是讀歷史的，後來都成了中國歷史的某一方面的專家。徐高阮解放前夕去了臺灣。他以陳寅恪先生合本子注之說，整理了《洛陽伽藍記》。後作〈山濤論〉，以為山濤、羊祜在政治上實相一致，洞察魏晉之際統治者內部朋黨之爭，發千古未發之蘊。」「告別革命」後的徐高阮還曾出過「大學論壇」的壁報，看來他還是不能忘情於政治而「論政」，則當然為左派學生所「不滿」，又據當時也是西南聯大學生的許淵沖的〈回憶幾位聯大校友〉:「聯大歷史系的同學早在1938年就出了『聯大』的第一張壁報，名為《大學論壇》，發起人是徐高阮，寫文章的有丁則良，程應鏐等，他們都是『一二・九』運動的積極分子，但對當時的『聯大』並不滿意，覺得政治上似乎是『死水』，而他們渴望著的卻是大海。」什麼「大海」呢？恐怕還是當年導致他們政治「出局」的自由主義「大海」吧，一如當年蔣苐華的一紙《青年思想獨立宣言》所云:「世界是我們的，因為『將來』是我們的」，但是青年人往往「不能分別恩仇，到處樹敵招怨；不能判斷是非，捨正道而不由；不能選擇利害，才有一次次的挫折，一遭遭的失敗」，而難能可貴的獨立，就是「青年運動必須讓真正的原始的感情支配」，而非「青年人有青年人的刊物，偏要摹仿流行的腔調；青年人有青年人的行徑，偏要追隨世俗的步趨」。這，理所當然的，要遭到時論的「不滿」了。

徐高阮也是「命奇」，清華之後，他先後輾轉於滬江大學、長沙臨時大學、西南聯合大學文學院歷史社會學系，據說是讀了五所大學的本科，最終卻沒拿到過一個本科的文憑，據其友人何鳳元的回憶：徐高阮在西南聯大，「就在快畢業的那一個學期，因為和食堂管理員吵了一架，學校以此為藉口把他開除了。」然而，西南聯大畢竟成全了他，如周一良就在晚年所著的《畢竟是書生》一書中推崇清華陳寅恪門下最有貢獻的學者之一就是徐高阮，他是陳寅恪點名指定的自己的助手，並被公認是最能繼承陳寅恪衣缽的一位弟子，徐高阮的一個作品——《重刊〈洛陽伽藍記〉》，由於嚴格地實現了陳寅恪曾提出的「合本子注」的創見，在出版時得到陳寅恪的作序，並給以很高的評價，即在陳寅恪的《寒柳堂集》中，收有這篇序言，其中，陳寅恪除敘述了徐高阮校注此書的經過，並贊許他「不獨能恢復楊（東魏楊衒之。筆者注）記之舊觀，兼可推明古人治學之方法。他日讀裴、劉、酈三家之書者，寅恪知其必取之以相參證無疑也」。所謂「裴、劉、酈三家」，即裴松之、劉孝標、酈道元三人網羅群書注書，他們不獨保存了大量已佚的古籍，而且其注書皆能夠較原作更具有史料價值，徐高阮踵事增華，得與三人為伍，這是陳寅恪很不一般的美譽了。

陳寅恪、傅斯年、胡適，這三人也是對徐高阮後來的學術生涯產生過很大影響的三人。徐高阮在念完西南聯大的課程後，隨即由陳寅恪推薦和介紹，在李莊「史語所」擔任助理，其時傅斯年主持「中研院史語所」，後來徐高阮繼續得到傅斯年的關照，在滄桑鼎革之際前往臺灣，仍在臺灣的「史語所」擔任圖書管理員，直到其 1969 年去世。顯然，徐高阮的後半生，算是在一張多少是「平靜的書桌」旁度過的。據此，有人說：「徐高阮的人生轉向，顯然不同於那些終生靠吃政治飯為生，離開了政治就不能生存的周佛海、陳公博、張國燾、李士群等人，相比較而言，徐高阮的人生轉向要高雅得多，同時他在治學上的成就，又使人產生『失之東隅，收之桑榆』的感受，並不為他的人生轉向而惋惜。」（田玉洪《傳燈千載業，立雪幾人同——陳寅恪和他的弟子》，廣東教育出版社 2009 年版）

徐高阮「告別革命」而走向學術，今天，他留給我們的，最知名的，是那篇〈山濤論〉。山濤，是「魏晉人物」，而著者本人，後來也是「魏晉人物」矣。文章中，徐高阮說：「竹林七賢並不是一群隻愛清談的文人。他們是魏、晉之際一個鋒芒很露的朋黨。他們的消極狂放都只是對司馬氏專政謀篡的一種抗議。他們多數有接近低微的色彩，與司馬氏所代表的大族閥閱正處在對照的地位。他們雖不是人人有放誕之行，但確都愛好老、莊，崇尚自然，反對那些大族閥閱所標榜的形式上的禮教。他們又不是孤立的人物，他們的傾向也就是魏末及入晉以後許多名士的傾向。不過七賢才性各異，他們在政治上的使命和遭際也彼此不同。嵇康激烈而蒙禍，阮籍至慎以全身。這兩個人都有不凡的才情，絕高的聲譽，真可成為精神的領袖，但也正因此似乎註定不容有實際作為的機會。只有山濤是個深沉堅忍的角色。他在中年走入了司馬氏的政府，但那只是選擇了一條奮鬥的曲折路線。他在後半生幾十年裏一直還是名士間的重望；他在政府中作了反當權份子的一個長期的首腦。也許正是山濤的經歷最能夠顯示七賢在政治上的積極目標和他們背後的政治力量的真正性質。」這些話語，其中是否凝結著他曾經的切身體會呢？

陳寅恪的另一位弟子周一良 1982 年重遊美國，返國時，在他隨身攜帶的物品中，有兩本他「認為最有價值的」書，這一是嚴耕望《中國地方行政制度史》，另一本即《山濤論》，周一良稱：「徐書對史料驅使之熟練與運用之巧妙使我嘆服。」由此周一良還連想起「清華學派」的陳氏門生，他說：「陳先生及門眾多，影響深遠」，其中，「我以為腦力學力俱臻上乘，堪傳衣缽，推想先生亦必目為得意弟子者，厥有三人：徐高阮、汪籛、金應熙也。所可惜者，三人皆未能充分發揮作用。徐英年早逝，汪在文革中受迫害自殺，而金則作為馴服工具，不斷變換工種，終未大有成就也。」

「英年早逝」？那麼，徐高阮的最後歲月又如何呢？

4.最後的歲月

從北平中共學生運動的「元老派」到大師陳寅恪的得意弟子，這是怎樣的一個運作軌跡？無疑，歷史上不乏這樣的例子，即政治和學術這一對「冤家」，它們向來有一種張力，且彼此頗難相容，尤其又是在中國的具體語境之下，當年徐高阮投身政治而馬失前蹄，此後，在政治上失去了精神家園的徐高阮從此掉頭問學，所謂收之桑榆，徐高阮依靠他豐厚的知識儲備以及穆然向學的心境，乃至網羅群書的定力，開始由救亡和革命轉向學術和古紙堆，最終蛻變為一名學者，如是而已。

政治和學術，何去何從？後來人們對之多有議論，以及「思想淡出，學術凸顯」等等，不一而足，當然了，若求之並美，雖然也有不少的例子，終究有很多的惆悵和遺憾，對於徐高阮，有人據此還舉出另外一個相反的例子，即「由學術趨向政治的範例」——那就是徐高阮清華校友的吳晗 ，所謂「命運把徐高阮塑造為陳寅恪所關愛門生，命運也把曾經是陳寅恪門生的吳晗 推向了政治，歷史就是這樣改變著每個人的命運並顯出苦澀，人生選擇的其失其得，其是其非，也就很難說清楚。」(《傳燈千載業，立雪幾人同——陳寅恪和他的弟子》) 其實，不是難以說清楚，而是人們談論的標準和尺度是什麼，等等，且不議。

卻說徐高阮在臺灣，與胡適走的很近。據胡頌平編《胡適之晚年談話錄》，提及胡適逝世之前徐高阮曾給胡適的秘書胡頌平一信，要他「代為表達許多人的意思」，即勸說胡適「節勞」,「愛惜身體」，並希望胡適「參考艾森豪病後的生活方式」,「更希望參照杜威博士年事較高時的工作的情形」，由此可見徐高阮對胡適的敬重和愛慕，此時，徐高阮已與陳寅恪隔海永別，傅斯年也猝然離世，所謂弟子之禮，只能對胡適一人致意矣。如今，在胡適的日記、書信、年譜，以及晚年談話錄之中，留下了許多有關徐高阮的多條記載，胡適生前曾不時借助徐高阮（「史語所」圖書管理員）查找圖書（如 1961 年 6 月 30 日搜集《續藏經》殘本、10 月 5 日查找孫中山的一段話等），胡適對徐高阮也有一些贊許的評語，如贊許其生活和工作態度是「很細密平和」，以及曾說徐高阮是中研院研究孫中山的「第一人」等（著有《中山先生的全面利用外資政策》等），其時，徐高阮也翻譯了胡適的一些英文演講，並且撰寫了《胡適之與「全盤西化」》等文章，對胡適頗多揄揚。據劉述先《中國哲學與現代化》一書，劉述先說：當年在中研院，徐高阮曾被視為是「孫中山研究家」和「胡適之研究家」（著有《胡適和一個思想的趨向》等，以及編有《胡適先生中文遺稿目錄》等），王爾敏也曾說：「我到中央研究院雖是專攻中國近代史，然而接觸不少飽學之士，一開始就放開胸懷，涉閱不同領域的學術著作。本來我受了流行錯覺的影響，相信研究孫中山是太接近當前政治，友人多大加鄙視；唯和徐高阮先生交談後，學得他的高遠識見，從此不敢拒斥孫中山的著作，而能心平氣和地去探究。」胡適逝世後，徐高阮又被推舉為「胡適遺著整理委員會」委員和徵集研究組組長，他還曾獲「胡適先生研究獎金」一萬元，在對胡適遺著整理編目工作的同時，開展「近代中國研究」（著譯有《嚴復型的權威主義及其同時代對此型思想之批判》、《五十年來的美國外交》、《羅布綽爾考察記》、《費正清與毛共危機時代的哲學》等），其中的思想人物研究，是由曾國藩、嚴復、康有為、孫中山、胡適為一條完整的人物軸線，等等。

徐高阮與晚年的胡適雖說是有師生之誼，畢竟兩人的思想並不一致。還是胡適在世時，1961 年底，臺灣的《文星》雜誌上演了李敖等人所揭櫫的「中西文化論戰」，這是一場上溯民國初年「東西文化」、「科學與人生觀」以及此後的「中西本位文化」等論戰的重要思想史事件，彼時正值「冷戰」愈演愈烈，鑒於全球的危機局勢和中國近代以來的歷史演變，以及當時臺灣思想界的境況，勾起了老話重題，而這場論戰又居然沿續了已經持續了幾乎一個世紀的文化討論，胡適等重新標榜「西化論」，當時胡適在〈科學發展所需要的社會改革〉的演講中說：「我認為我們東方這些老文明中沒有多少精神成分。一個文明容忍像婦女纏足那樣慘無人道的習慣到一千多年之久，而差不多沒有一聲抗議，還有什麼文明可說？……我主張把科學和技術的近代文明看作高度理想主義的，精神的。……現在，正是我們東方人應當開始承認那些老文明中很少精神價值或完全沒有精神價值的時候了」，等等，其私淑弟子的李敖也以〈給談中西文化的人看看病〉等予以回應，他說：「三百年來，朝代換了，古人死了，這部書的紙張也變黃了，可是聖朝破邪的細菌並沒有消失，它鑽進中國人的感情裏，一代又一代，隨著愚昧程度的深淺而有著不同的病象：有時中體西用的譫語出現了，那好像是一場傷寒；有時超越前進的怪調出現了，那好像是一場白喉；有時義和團的瘋狂出現了，那好像是一場猩紅熱」，等等，彷彿火上澆油，激起了反對派的一片叫罵，由是一場論戰揭開序幕。當時站在胡適和李敖這一邊的，有居浩然、許登源、洪成完、何秀煌、陳鼓應等人，支援反對派的胡秋原等人的，則是學人徐復觀和「前中共分子」的鄭學稼、任卓宣、徐高阮等，不過不同於任卓宣和鄭學稼等對胡適的大不恭敬，徐高阮在反駁的文章中是以細緻的考證來證明予人口實的胡適的「全盤西化論」是來自陳序經其人，卻並非胡適所創（即胡適甚至對它只持有保留的支援），等等，看得出來，在這場火藥味頗濃的論戰中，徐高阮對胡適還是有所保留的，不過，畢竟那是在特殊的歷史境況下，到了 1965 年底，《文星》被勒令停刊，李敖也隨之鋃鐺入獄。

李敖後來在回憶錄中稱：1966 年 11 月 7 日，胡秋原等在臺北「婦女之家」舉行聲討李敖大會，當時徐高阮等當場油印並公佈了李敖曾給胡適的信（胡適已於 1962 年逝世），並把李敖狀告到了警備總部。此後胡秋原在《中華》雜誌發表了「徐高阮先生公佈的胡適先生收到的一件信」，而這一期的《中華》雜誌居然是「創辦以來最好銷、最好看的一篇文章」。據李敖的回憶：當時，「胡秋原《中華》雜誌（刊）登徐高阮在聲討大會上的談話，報導徐高阮說：『這一封信是 1961 年 11 月間胡先生交給他的。當胡先生交給他的時候，態度雖不嚴肅，也不輕鬆。約四五日後胡先生即入醫院，再出院不久就逝世了。他現在對社會公開這一封信，而負一切的責任。』徐高阮的結論索性直指李敖是『對敵人投降的叛逆分子』了。《中華》雜誌又登胡秋原的讀後感則更乾脆，根本點破李敖是『匪諜』了，並且還是向胡適施用『統戰』的『匪諜』呢！」李敖還說：「我真的很感謝這些要把我送到警備總部的『文化人』，因為只有他們這樣為我『捧場』，這封信才得以公之於世、不被查禁。要是我自己公佈了，一定就被當局封殺。所以他們真『害之反足以成之』了！結論是，徐高阮等公佈我的信，我一點也不在乎，因為信是我寫的，我當然大丈夫敢做敢當。總之，我不怪他們公佈我的信，我只是對他們公佈的動機和目的，感到要吐白水而已。」至於事後的徐高阮，李敖又回憶說：「徐高阮做了這件事後，據我所知，為他的許多朋友所不諒。有的認為他『賣友求榮』；有的認為『難道胡適把這信給你看是叫你告密的？』有的認為『信在你手中一年後，你才告密，證明你就是叛逆分子！』有的認為『知識分子如此借刀殺人，太卑鄙了！』……不一而足。……我深深瞭解：徐高阮等是變節的共產黨，變節的共產黨是全世界最可怕的人類，不是嗎？變節的共產黨是永遠無法調整他自己的，碰到這種人，又有什麼好意外的呢？可笑的是胡適為人坦蕩，竟誤信徐高阮這種紅色變節者，竟把李敖的信給這種人過目，結果死後給李敖險些惹來大麻煩。人世奇緣，想來不無好笑！」

李敖是知道徐高阮的底細的，於是他鄙薄徐高阮是「紅色變節者」，而徐高阮也竟無顏以對。最後，李敖在「警備總部」受審（當時嚴復的後人嚴僑也遭到被捕），豈料審問人也鄙薄「紅色變節者」，李敖回憶說：「在他（審問人。筆者注）研究清楚了這是徐高阮等私人的借刀殺人之計，研判若由官方出面整我，對官方不利，乃不了了之。徐高阮等的卑鄙陰謀，才沒有得售。」

徐高阮此次的作為，可謂腥膻一身。說起來徐高阮也曾是李敖的故友，只是他因為過去對李敖的一些做法不滿，遂與李敖產生了疏遠，此次他公佈李敖給胡適的信，披露了李敖與「共黨分子」嚴僑的關係，徐高阮還稱李敖是「對敵人投降的叛逆分子」，正好給胡秋原指控李敖是共產黨的「間諜」提供了「證據」。

看來，徐高阮究竟是不能忘情於「政治」呵。許淵沖先生也回憶說：1964 年，徐高阮在臺灣《中華》雜誌 3 月號批評他的「聯大」同學，開始「擁蔣反共」，後來他又反對反蔣獨裁的殷海光，說殷海光不是「一個自由的羅素崇拜者」，「其實是一個最不能自由思想的人，而且正好相反，是一個最喜歡專斷，最反對自由思想的人」。

不過，徐高阮也是在《中華雜誌》上第一個介紹並批判「台獨」思想的人。

徐高阮的晚年可謂潦倒。在生活上，他雖說一向安貧樂道，晚年卻極為困窘，由於他迎娶了一位臺灣本土的女士，在交納聘金時他因手頭拮据竟借了多年的高利貸；至於工作，雖說是才情豔豔的史家翹楚，最後連一個副教授的頭銜都沒有得到，而且多虧劉述先教授的斡旋，才為他謀取了一個東海大學的教職，又終於無功而返；在社會聲譽上，由於與李敖和殷海光的筆戰，他在道義和道德上損失頗多，乃至其人最後竟在憤懣中鬱鬱寡歡而死，臨了臨了，毀於「變節」之恥。

1969 年，徐高阮因突發腦溢血去世，最後，他被安葬在胡適紀念館的墓園邊，顯然，這是他的遺願吧。今天去臺灣旅遊和到胡適紀念館參觀的人們，是可以很方便地看到徐高阮的墳墓的。

記歷史學家丁則良先生的生生死死

1.從多年前的一篇文章說起

多年前，我有過這樣的一篇文字：

「彼岸的楊振寧先生光榮退休，以其人之功德圓滿，引起一片喝彩，楊先生也以朱自清當年詩句自勉：『但得夕陽無限好，何須惆悵近黃昏』，這是人生的絢爛歸於平淡，是『驀然回首那人卻在燈火闌珊處』的新境界，著實令人企慕又感動的。可惜不是每個人都有這樣的歸宿，比如楊先生回憶少年讀書情節，他是清華成志小學和北平崇德中學的學生，清華教授楊武之先生教子有方，當楊振寧讀初一時，即有了家教的待遇，數學家的楊武之先生要平衡兒子的知識結構，所以，『他沒有找一個人來教我數學，也沒有找一個人來教我的物理。他去找雷海宗教授，那個時候雷是清華大學的歷史系教授，是我父親的好朋友，他跟雷先生說，你可不可以找你的一個學生，來教振寧《孟子》。雷先生就介紹了他的一位得意的學生，叫做丁則良。丁後來是一個很有名的歷史學家。』楊先生回憶，那一個半暑假的家教使他終生受益，因為『《孟子》裏頭有很多關於儒家哲學，你可以瞭解整個中國的思想方式』，這『對於我這個人的整個的思路有非常重大的影響，遠比我父親那個時候找一個人來教我微積分要有用得多』。(《楊振寧教授談教育》）楊先生大概不曾想到：那個家教於庭內的書生丁先生，早已不在人世了。遍查了各種人名辭典和辭書，可惜我們都沒有記載這個丁先生，當然他是一個『異類』，是被遺忘的對象。還是周一良先生的近作《畢竟是書生》中提及到了丁先生。周先生還為『海峽彼岸的朋友』擬為丁先生所編的文集寫了序言，可惜也僅是序言而已，這本書結果並未出版。」

上述敘及丁則良曾給楊振寧家教的事，楊振寧後來還有一篇〈父親和我〉的回憶，他說：「我初中一、二年級之間的暑假，父親請雷海宗教授介紹一位歷史系的學生教我《孟子》。雷先生介紹他的得意學生丁則良來。丁先生學識豐富，不只教我《孟子》，還給我講了許多上古歷史知識，是我在學校的教科書上從來沒有學到的。下一年暑假，他又教我另一半的《孟子》，所以在中學的年代我可以背誦《孟子》全文。通過一個半暑假的學習，儒家的思想影響了我後來的人生觀和為人處世的態度，對於社會結構、物理結構的認識也有很大的影響。」

由楊振寧，記憶起了丁則良。不過，他們一個是如雷貫耳的人物，一個早已被人遺忘殆盡矣。直到現在，那本《丁則良文集》才由他生前的母校清華大學出版社於 2009 年出版了，這距離丁先生的棄世，一晃已有半世紀有餘了。

2.周一良先生晚年的一個觸悵

史學名家周一良先生的治學經歷，圈內人士都知道是由他獨擅的國史研究轉到了亞洲史的，這看似意外，卻也「平常」，因為在一種剛性的體制之下，基於意識形態的需要，歷史學家們已經沒有治學的自由，或者說是周一良他們以前的導師陳寅恪所曾標榜的「獨立之精神，自由之思想」已然是稀缺的精神資源，而周一良儕輩只有沒有選擇的選擇了，開國之初「一邊倒」，高校也是「全盤蘇化」，歷史教學也只能按照蘇式教學計畫去安排授課，原來周一良與丁則良二人是合開國史的，此時他們便一同改行，去經營亞洲史了，此後他們又共同編寫亞洲各國史的教材，就由周一良負責古代部分，近代部分則歸丁則良，周一良後來回憶說：「他完成了幾篇頗有水平、當時很受重視的亞洲近代史論文，但由於他在反右運動中被迫害含冤而死，未及出書」，周一良自己呢？他苦澀地回憶說：「直到七〇年代中期『梁效』成員受政治審查，我才墜歡重拾，又接觸魏晉南北朝史。」

在周一良得以重操舊業的時候，丁則良早已不得為噍類矣。他那年自殞時，尚不到四十二歲。對此，晚年的周一良有一段婉約微諷和自傷自哀的回憶：「1957年從『引蛇出洞』搞起來的反右派鬥爭，是解放後知識分子遭受的第一次大災難。我生性小心謹慎，加之解放後『原罪』思想沉重，認為自己出身剝削階級，又在舉國抗戰期間置身國外，對不起人民，鳴放期間確沒有什麼不滿，運動開展後則誠心實意努力緊跟，以後歷次政治運動無不如此。但當涉及自己親近的人時，不免真情流露。在批判亞洲史教研室青年教師夏應元的會上，我發言說他『辜負了黨的培養和我的期望』，隨之落淚。好友丁則良在北大含冤自殺，我因須開會不能送葬，在他停靈處繞棺一週以示告別。作為北大民盟支部負責人，我主持批判他的大會。丁則良到蘇聯開會，根本未參加整風鳴放，毫無可抓辮子的言論，是原單位欲加之罪故意捏造出『三人反黨集團』。我在大會上只能批判他『辜負黨的信任和重用』。這些以後都在全系大會上受到『溫情』與『立場不堅定』的批評。只有翦（伯贊）老，在會上聽到我繞棺一週的事，意味深長地對我說了一句話：『你對丁則良是真有感情啊！』當時心想翦老還有人情味。」

嗚呼哀哉！

3.一個歷史學家的誕生

那麼，丁則良是怎樣的一個人呢？

丁則良（1916－1957），抗戰前畢業於清華大學的一位歷史系學生，他曾受業於雷海宗、張蔭麟等。眾所周知，清華大學歷史學派的源頭是王國維、陳寅恪等所形成，這種無形的精神脈絡其實是十分彰顯的，如後來轉入清華學習的劉桂生回憶說：陳寅恪吧，「最明顯的是系裏教中國史的老師，無一不是先生的學生或『私淑弟子』，如教秦漢史的孫毓棠教授、教魏晉南北朝史的周一良教授、教宋史丁則良的教授、教元史和清史的邵循正教授、教明史的吳晗教授、專門研習唐史又兼教近代史的王永興講師和專攻近代史的陳慶華、張寄謙二位助教。」而清華的歷史學派，此前種種不議，1929年南開的蔣廷黻受聘為清華歷史系的系主任，伊始即統籌全系的發展計畫，學生何炳棣後來回憶說：彼時陳寅恪最精於考據，雷海宗則注重大的綜合，蔣廷黻專攻近代外交史，於是考據與綜合並重而更偏重綜合，蔣廷黻又認為治史必須兼通基本的社會科學知識，而在歷史的領域之內，應先讀通西洋史，採取西方史學方法和觀點的優點，然後再分析綜合中國歷史上的諸多課題，如此，在上世紀三〇年代的中國高校，只有清華歷史系做到將歷史與社會科學並重，歷史學又是西方史與中國史並重，而中國史內部又是考據與綜合並重，等等，丁則良得此滋養，才最終成為一位歷史學家的。

丁則良是怎樣的一個人呢？他僅僅是一位後輩的歷史學家麼？不要忘了那個特殊的時代，那是讀書不忘救國的年代，一如清華的許多優秀學生，丁則良也是一個追求思想進步的學生，在「九一八」事變後，他也參加了「學生救國會」等組織，後又參加了源於清華校園的「一二・九」運動，期間他加入了黨組織，並一度是負責的人，曾為同學趙石（即趙儒洵）由團員轉接上黨組織的關係等。

那是同窗王永興的見聞：「一二・九」學生運動之後，「南下宣傳隊」出發，「在高碑店，則良站在一個土坡上，向周圍幾十個人宣講抗日救國。當時，日本侵略軍的軍車在天安門前軋死我們的同胞，全副武裝的日本侵略軍在北平大街上橫行。我們的國土遭到蹂躪，人民受到侮辱。是可忍，孰不可忍！周圍的人們憤怒高呼：『打倒日本鬼子』！那天夜裏，我們睡在高碑店小學的教室裏。突然，一大批軍警包圍了教室，撞開屋門，高聲吼叫要我們立刻走出來，押解回北平。則良第一個站出來和軍警講理，我們宣傳抗日救國無罪。經過搏鬥，我們寡不敵眾，只能被押解回清華。此後，清華學生將被大逮捕的消息不時傳來。一天夜裏，大批軍警闖進清華校園，包圍學生宿舍，高聲喊叫，要同學們到體育館集中點名。進門站著一個手持名單的軍警頭頭，他背後卻站著一個清華學生，指指點點。所有的學生都點名走過，軍警要捕的卻一個也沒有。感謝張申府先生，由於他的幫助，我們有所準備。那天夜裏，則良睡在劉崇鋐先生（清華歷史系主任）家裏，崇鋐先生器重則良，保護則良。大批軍警毫無所得，狼狽退出校園。他們氣急敗壞，又派來一團兵包圍清華。我到崇鋐先生家裏看則良，想囑咐他不要離開劉先生家。先生說則良已回城。則良住在東四錢糧胡同，很少有人知道，他可以安全了。過了幾天，我去錢糧胡同看則良，家裏說則良從未回家，經我再三懇求，說我是則良的可靠朋友，我們關心則良的安全，家裏才告訴我，已把則良送到洛陽丁伯父處，恐則良住在家裏也不安全。這很好，則良安全，我們放心了。」（《懷念則良》）

讀書種子、革命後備軍，這是當年丁則良的準確身分。然而時代的殘酷使他的兩個前程都發生了改變。

1937 年 7 月，日本全面侵華，平、津淪陷，讀書已然是奢侈之事。彼時的清華和北大、南開實行南遷，先在長沙組建長沙臨時大學，繼在日軍對長沙持續的轟炸聲中決定遷往昆明，師生分三路赴滇，一路由粵漢鐵路經廣州、香港再走海路到安南（越南）海防，繼由滇越鐵路赴雲南蒙自、昆明；一路是陳岱孫、朱自清、馮友蘭、鄭昕、錢穆等教授的一群，他們經桂林、柳州、南寧、鎮南關抵河內，再由滇越鐵路赴昆明；這第三路便是「湘黔滇旅行團」的西遷，即由長沙經湖南益陽、常德、桃園、芷江至貴州玉屏、貴陽、鎮寧至雲南昆明，丁則良就在這最為艱難的一路之中，期間行程六十八天（步行達四十天，每天平均行程三十二・五公里，最多的一天行程達五十三公里），兩個月有餘的的長途跋涉給走出象牙塔的書生們不僅是體力上的極限衝擊，它也打開了書本以外的大千世界，使之在飽覽了沿途的名勝古跡和名山大川之餘，又接觸了民眾和社會，感受到真正的國情——社會經濟的極端落後和百姓生活的異常艱難。後來有人這樣說：這個「湘黔滇旅行團」是中國知識分子第一次大規模地走出象牙塔去接觸社會、深入社會並研究社會的文化活動的開始，也是西南聯大「剛毅堅卓」精神品格的真正開始。那麼，在丁則良身上，會發生了什麼呢？

「湘黔滇旅行團」，丁則良負責日記，以記錄全部行蹤和活動。事畢，他把日記交給蔣夢麟，後來蔣次之帶至香港，擬交商務印書館出版，可惜無果，不過，丁則良卻留下了一篇〈湘黔滇徒步旅行的回憶〉。在其中的「曲靖之行」中，他是這樣描寫自己的感受的：

> 我面對著車上許多人的臉孔，聽他們的談話，看他們吃東西、吸煙，始而驚異，繼而用心觀察，終於敬佩到底。也許

> 我們平時接觸的只是一些多多少少洋化的中國人，把那種不自信的言談，騖外而後有內容的生活看慣了，所以一到了面對著真正中國的靈魂的時候，反而覺得新鮮、奇怪。真正的中國的靈魂是那些農民、小商人、下級士兵、鐵路上的苦工、沿途叫賣的女人和孩子，和在車上賣雞蛋、賣橘子的那一幫人。他們表現出的精神是公平、努力、灑脫、誠懇。這點精神在今日受過教育的大學生中，最不容易看見，而在他們，則是與生俱來，天然流露。

在一個大熔爐的時代，有多少被迫遷徙的書生如丁則良一樣，從身心各方面都發生了重大的變化。還是蔣百里先生說得好，他說：「五十年前，罵八股先生的無用，就是因為他們的線裝書裏，雖滿裝著『修齊治平』，但是他們只須經過書房、考棚、衙門，就可以負責擔當國家的大事。三十年來，線裝書換了蝴蝶裝（裏面也有主義，也有公式），但也只要經過寄宿舍、輪船火車、宮殿式的洋房這三個關門。他們沒有吃過雜糧，沒有住過豬圈，總之，他們沒有與民眾共同生活過。『五四』運動以後，已經有『到民間去』的一個口號，但是實際上能有幾個？可是抗戰以來，沿海各學校的教授、學生，事實上不能不向內地走。戰地緊張的地方，更不能不逃難，更不能不求工作，靠家庭讀書不可能了，於是給知識青年一種實際經驗，而這一種經驗，在一種悲憤興奮狀態之下體驗著，不是春季的遊山旅行，是客觀的社會測驗。這一次抗戰最大的成果，是為社會，替理想與實際造了一條溝渠；為個人，是在純樸的心靈與敏活的官能間造了一條橋樑。前者見之於東北學生之南投，後者見之於西南民族之接受新事物。轟雷掣電地給予了將來負大任的人們一個動心忍性的大鍛煉。」正是在這樣的一個背景下，一個歷史學家將出場了。

不過，那也是一個革命的時代呢，也許是觀念、性格以及周遭人物的影響，丁則良止步在了革命的門口。據王永興先生的回憶（《懷念則良》），在昆明，在文林街，西南聯大的一些學子如徐高阮、王勉（鯤西）、丁則良、王永興、翁同文等時常聚焦在一起，他們談論抗戰和讀書，往往指點江山，品評人物，這時他們都深受陳寅恪等先生的影響，此外如徐高阮，已經「告別革命」矣。這樣一個環境和氛圍，丁則良則如何？不是不再響往革命，他仍然會參與出壁報，抨擊國民黨政府的腐敗無能和抗戰不力，只是理性使他回歸到「文人議政」的軌道而已，這如 1943 年西南聯大的師生聞一多、潘光旦、曾昭掄等共同倡導組織了一個「十一學會」，所以名曰「十一」，是把「士」字拆開，這個「文人議政」的沙龍遂名為「十一學會」，其發起人和策劃人之中也有青年教師的丁則良和王佐良（有人遂又戲稱之為「二良學會」），參加者還有楊振聲、雷海宗、朱自清、聞家駟、吳晗、馮至、卞之琳、李廣田、孫毓棠、沈從文、陳銓、王瑤、何炳棣、吳徵鎰等。當時西南聯大還有一個「教聯會」，其中也有「三良一樑」之說，這是指其成員中有青年教師的丁則良、王佐良、周一良這「三良」和王乃樑（後為地質學家）。

讀書、救國，如何「和諧」？彼時丁則良的好友王勉回憶說：丁則良，「在國家興亡上他好像總是滿腔熱情，有時又憂憤痛苦。」（〈懷則良〉）

「滿腔熱情」，「憂憤痛苦」，矛盾極矣，如何來調解和尋求歸宿呢？或者說，什麼是他的底線呢？當時丁則良曾回答說：「在這個時代之中，我認為一切過高的理想都可以放棄，但只有一個立場，卻必須堅守，那就是民族主義。——我可以相信民主，但我卻必須是一個中國人。因為從血統、素質、教養、感情等方面來說，我都只能是一個中國人，而且確實是一個中國人。這個道理，雖極其簡單，但卻未必為大家所注意。因有許多人相信許多高遠的思想，卻忘記了一個他們自己立身的最後根據。從民族主義的立場出發，我覺得對於一個民族的子孫，只有兩件東西，應是他所認為最寶貴的：國家的獨立與文化的保存。國家的獨立是一個民族延續生命的起碼保障，文化的保存則是一個民族精神上生長的具體證明。國家不獨立，則政治的主權操在他人之手。……政治的獨立與文化的保存，二者之間有一種相輔相成的關係。政治的獨立可以說是文化的保存的一種起碼的保障；文化的保存可以說是政治的獨立所追求的最高的意義。……我個人對這問題思索得很久，我認為唯一的辦法，還是一個老辦法：『中學為體，西學為用。』」(〈政治出路與文化前途〉)

「民族主義」，抑或「文化民族主義」，這是丁則良的選擇和追求了。這是一種堅韌，抑或是「倒退」呢？「政治的獨立可以說是文化的保存的一種起碼的保障；文化的保存可以說是政治的獨立所追求的最高的意義。」循此，西南聯大為中國貢獻了一個青年曆史學家。那麼，此前種種，或者此後的種種，不是應該有一個說法了麼？恰好，當時潘光旦先生發表了一篇〈所謂教師的思想問題〉文章，丁則良讀了以後「不勝感動」，隨即也發表了一篇〈關於教師思想問題〉的文章，他說：「潘先生討論這問題，是以一個做了二十年教師的資格發言的，同時他還聲明他是總理遺囑和國民黨第一次全國代表大會宣言的英譯者。我雖已脫離學生生活，卻願以一個與政黨或主義毫無瓜葛的青年的立場發表一點感想。第一，我願提出青年的政治思想不應交給什麼人去負責。國家如果愛護青年，重視思想，就必須承認青年的人格，尊重思想的獨立。——學生時代是人生裏的一個準備階段，在這時期內，教師和學生雙方的工作都很簡單，一言以蔽之，教師的責任只在介紹一些基本的知識，提供一些治學的方法，引起學生對於學問的興趣。至於學生的政治主張，則不必存心代為決定。同時，學生對於政治上的各種思想，應該不變其學習的本色，多加思考，勤求知識，慎下判斷。但如經過縝密思慮，多方探討而得的主張，則又不應顧及其結論，與他的師長有無不合。豈但不應顧及他的師長，他必須具有懷疑古人，橫掃一切標語口號教條權威的態度。必如此才有所謂時代的進步，有所謂『青出於藍』。在思想的領域內，人人自有其最高的主權，人人都有維護這個主權的完整的權利與義務。第二，大學是一國最高學府，在國家方在準備攤行憲政的時期，應該容許理性的發展，思想的自由，辦教育的足為國家培植人才而來，不是為黨搜羅群眾而來；是為研究學問，提高文化而來，不是為宣傳主義而來；是為提供問題而來，不是為鼓吹結論而來。……進一步說，學生的政治主張，亦決不會因教師之屬於何種黨派何種主義而有所左右。即以我現在服務的學校而論，我之敬愛某先生，是敬愛其學問，敬愛其人格，而決非敬愛其屬於某黨某派。反之，如果某先生一旦不以講學為重，理性為重，而以宣傳為重，趨時為重，則我對其原有之敬愛，轉將消失。一個學校多有此種教師，是全校之恥；一個國家多有這種學校，是舉國之恥。世界文明，究將走上什麼道路，我們今日不敢妄說。但在這文化落後的中國，尊重知識，發揮理性，似乎尚不可少。」（見《今日評論》3 卷 23 期，1940 年 6 月）

「在思想的領域內，人人自有其最高的主權，人人都有維護這個主權的完整的權利與義務」，「尊重知識，發揮理性」，這儼然是「獨立之精神，自由之思想」的流傳，這應該是清華學派的一種承傳，當然，它也是中國自由主義知識分子的心聲。彼時的丁則良就是這樣的一位知識分子和青年曆史學家。那麼，命運會帶給他什麼呢？多年後，羅繼祖先生在《蜉寄留痕》（上海古籍出版社 1999 年版）一書中的自撰年譜中記有：時間到了 1957 年，羅先生當時所在的東北人民大學歷史系主任丁則良在「反右」運動中「被迫捐生北大未名湖」，羅先生連說「可惜」，至於丁則良投水的原因，羅先生估計：「以昔在西南聯大有反共文字之嫌也」。好嚇人的「反共文字」，不就是上述的那些文字麼？於是，此前種種，竟決定了此後種種。

4.歷史為政治服務的年代

丁則良從西南聯大畢業後，先後在昆明師範學院、雲南大學以及母校的清華大學任教，並曾在英國倫敦大學進行研究。

1949 年，滄桑鼎革之際，如其他眾多的海外學人一樣，丁則良放棄了博士論文的寫作，提前回國。王永興在〈懷念則良〉的回憶中說：「抗戰勝利後不久，則良到倫敦大學讀書，據說，他的導師是一位著名學者，很器重則良。全國解放的消息傳到倫敦，則良極度興奮，他向導師提出輟學回國，為祖國效力。導師勸他再讀一年，就可拿到學位，則良不能等，放棄學位，回到北京。在院系調整中則良分配到東北人民大學（現在的吉林大學）以後，我也與則良長談一次，他很振奮，要把全部的學力貢獻給新建立的東北人大歷史系，辦成像清華大學歷史系那樣高水準的系（當時，清華歷史系已不存在），為國家培養人才。」

1952 年 10 月，全國高等院校進行院系調整，丁則良與其胞弟丁則民（燕京大學法學院、西南聯大歷史系畢業生，也曾深受陳寅恪、錢穆、雷海宗、潘光旦等的影響下，研修世界史。1947 年赴美國華盛頓大學攻讀美國史。同其兄長一樣，後放棄攻讀博士學位，返回祖國，先任教於北京師範大學歷史系，後赴東北師範大學。他是中國美國史研究的創始人之一）以及楊振聲、余瑞璜、徐利治等，還有北大的唐敖慶、朱光亞、王湘浩等都去了東北，丁則良等在新組建的東北人民大學（原為東北行政學院，1958 年改為吉林大學）任教，當時這所大學的校長是呂振羽（後為匡亞明），副校長是劉靖，隨即成立了該校的「民盟」分部，由余瑞璜任主任，丁則良為副主任，徐利治為秘書（到了 1957 年，他們三人被打成「徐、丁、余反黨集團」）。

丁則良回國不久，就碰上了「反美」運動，在消除知識分子「親美」、「恐美」的的運動中，丁則良轉變得很快，1951 年 11 月，他就出版了《李提摩太》（「抗美援朝知識叢刊」之一，開明書店初版，首印即達 10000 冊）一書，在引言中，他寫道：「帝國主義侵略中國，不但利用各種不平等條約，侵奪中國的領土，剝削和奴役中國的人民，而且還利用宗教，對中國人民進行不斷的欺騙，愚弄和壓迫。基督教過去就是被帝國主義利用的工具之一，而一些帝國主義分子傳教士，和帝國主義派到中國來的外交官，特務等共同執行著帝國主義的侵略政策。近百年來，不少的帝國主義分子，打著『傳教』的招牌，來到中國。他們自稱為『體上帝好生之厚仁』，『宣明救世之大道』，帝國主義壓迫滿清政府所簽訂的不平等條約裏，也說傳教士『原為勸人行善』。而事實上，這些帝國主義分子，卻是無惡不作。有的勾結官府，搜集情報，有的包攬詞訟，欺壓人民，有的更進一步，策動中國的買辦官僚，進行賣國的勾當，企圖使中國淪為帝國主義的保護國或殖民地。中國人民受這些帝國主義分子侵略和壓迫，一百多年來，無處申訴。過去雖然不斷有人起來反抗，但是由於買辦政權向帝國主義無恥地投降，每一次『教案』都在妥協，屈辱的條件下『了結』，使人民遭受到很大的禍害。只有到了人民民主專政的政權成立之後，中國人民才真正翻身，而基督教在人民政府的正確的宗教政策之下，也才有了新生的可能。」

至於為什麼要寫李提摩太？他又說：「我自己不是基督教徒，但由於過去曾經搜集了一些史料，也曾寫過一些文字，揭發帝國主義分子李提摩太的罪行，同時又感覺到基督教人士的愛國運動，不分教徒與非教徒，都應當盡力加以支援，就決定把過去搜集的史料和文章，重新加以整理，寫成這本小書。為什麼選擇李提摩太這樣一個人，作為控訴的對象呢？原因是李提摩太是一個典型的帝國主義分子。他從清末到民初，在中國住了四十五年。在這將近半個世紀的期間裏，帝國主義對中國的侵略愈來愈凶，中國人民所受的災難愈來愈嚴重，而他卻由一個傳教士，變成為朝野矚目的『紅人』。在清末的政治舞臺上，他扮演了一個不大不小的腳色。皇帝曉得他，王公大臣恭維他，文人學者聯絡他，至於帝國主義者，更是器重他。他擺出來的面孔很多：慈善家，教育家，科學家，報館主筆，熱愛中國的『西士』。實際上，他是一個徹頭徹尾的帝國主義分子，一心一意要滅亡中國，使中國陷於萬劫不復的境地。他這一副偽善的面孔，必須予以拆穿，他的罪行，必須在中國人民的面前，揭發出來。在一部帝國主義侵華史中，還有很多類似李提摩太的人物，有待我們的檢舉與審判。」

揭露李提摩太，是當時中國基督教「三自」運動（1951 年 4 月，在北京召開了「處理接受美國津貼的基督教團體會議」，隨後成立了「三自革新運動籌委會」，亦稱「中國基督教會抗美援朝三自革新運動委員會籌備委員會」，並發佈了「三自宣言」。所謂「三自」即實行「自治、自養、自傳」，運動中對近代以來外國傳教士和中國傳道人也進行了廣泛的控訴和揭露）高潮中應有的話題。在保存下來的一封信中，丁則良說：「最近鑒於基督教人士正展開『三自』運動，同時檢舉教會中之帝國主義份子，弟曾寫一點關於李提摩太在華罪行（如策動李鴻章將中國置於英國保護之下，又如以賠款辦山西大學），已蒙有關方面選為學習材料。弟甚願將過去關於李之文章，重新組織，另行標題為『李提摩太——一個為帝國主義服務的傳教士』。大約可有二萬字至二萬五千字。——現在『三自』

運動及鎮壓反革命均為首要工作，揭發李之罪行，或不無幫助也。」這就是《李提摩太》這本小冊子的由來。

此後，丁則良又經歷了一場「知識分子思想改造運動」，在運動的尾聲時，他又積極地回應號召，離開他所熟悉的學術中心的北京，去支援「荒蠻」的東北（楊振聲在東北因吃高粱米，身體不適，竟致亡故），他大概萬萬沒有想到，等待他的，竟是一場風暴，而像他這樣的人，在當局看來，儘管已經做到了在各方面的緊跟，但畢竟在思想上「帶有較為濃厚的資產階級印跡」，甚至還會被上升為「由於階級本能所決定的」某種「劣根性」（該校黨委書記在「肅反」報告中的用詞），不僅得不到信任，還會被視為異己受到懲罰。這不是沒有來由的，1954 年，丁氏兄弟在閒談中提到執政黨對科學文化領導的問題，認為黨員科學家人數少，黨對科學文化的領導較弱，丁則良稱：「黨對科學文化的領導只有兩種辦法，一是迅速培養黨員科學家，擴大黨員科學家的力量；一是讓某些舊知識分子入黨，加強黨在科學文化界的領導力量。」這其實也是當時的潮流，即在隨後的 1955 年之後，全國有一批高級知識分子先後入黨，到了 1956 年，隨著周恩來總理關於知識分子問題的報告得以披露，知識分子入黨形成一時的風氣，然而，還有許多知識分子被排斥在門外，何況他們還有滿腹的意見，以及黨內圍繞知識分子的問題很快有了逆轉，那也就是風波驟起的年代了。

5.風波乍起

不是說「在思想的領域內，人人自有其最高的主權，人人都有維護這個主權的完整的權利與義務」麼，後來則如何？

卻說原來東北行政學院的地方幹部與北京來的人員，久之形成了某種的對立，這正如楊奎松先生在〈建國初期中共幹部任用政策考察〉一文中所述：「建國初期無論在中央，還是在地方，凡涉及蘇區與白區、本省籍與外省籍，即本地幹部與外來幹部的關係，通常都會存在很多矛盾。」要化解這種矛盾，需要時間和成本，然而一些書生們往往等不及，匆促間發難，使問題更趨激化了。

1954 年，數學家的徐利治給教育部的黨組發去一封「萬言書」，內容是反映學校領導的問題，涉及統戰、教研和黨政等。徐的信，得到該校「民盟」分部其他成員的共鳴，他們也提供了相應的材料，其中有歷史系主任兼圖書館館長丁則良等提供的，這些材料隨即由清華大學黨委副書記何東昌轉交給教育部，教育部隨即派來調查團，團長由一位司長李雲揚擔任。此前丁則良曾隨學校領導去北京參加高教部召開的會議，在會議中，學校領導報喜不報憂，讓書生氣十足的丁則良很是看不慣，他當即發言，反映了學校存在的問題。此後的 11 月，調查團到校檢查工作，丁則良和余瑞璜、徐利治等多次反映問題，表現得「積極活躍」，丁則良以為學校存在的主要問題是不能正確地貫徹黨對知識分子政策，以及在貫徹這一政策中產生了許多偏向和錯誤，如不尊重老教師、對提意見的人進行打擊、不重視創造科學研究的條件等。當時丁則民很佩服自己哥哥的勇氣，認為自己工作的「東北師大」也應向「東北人大」學習，同時也希望教育部派員去檢查自己學校的工作，並在市委統戰部召集的「民盟」盟員座談會上要求推廣「東北人大」的工作經驗。上述這些意見，皆得到了調查團的重視，當然，也讓這些學校的一些負責人十分不爽。其實，就是丁則良，說完話後也有一點後怕了，那是「肅反」運動的後期，他感到今後不能再那麼天真地提意見了，因為提多了會遭到「打擊」。

教育部調查團走後，「東北人大」果然有了新的氣象，領導人在領導作風和在貫徹黨對知識分子的政策方面都有很大的改進，在學術上卓有建樹的一些教師也得到了重用，他們相繼擔任了各系的負責人，這其中有考古學家于省吾、物理學家余瑞璜，當然也有歷史學家的丁則良。其時，呂振羽校長已赴北京療養，以後也沒有回到東北，改在北京的歷史研究所工作，匡亞明繼任校長，他採取「相容並包」的治校理念，使領導作風頗有改進，一時科學研究與教學工作都有較大的開展，教師們普遍都感覺相當的滿意。然而好景不長，1957 年「反右」運動再起讓丁則良被置放到風口浪尖。

1957 年的「鳴放」時期，先是徐利治在市委會議上發言，他批評學校領導有教條主義和宗派主義；余瑞璜也提出所謂「四類幹部」論，即黨員幹部可以分為「真正的革命者」和「唯唯諾諾者」、「假公濟私者」、「吹牛拍馬者」；此外數學系主任王湘浩也將黨員幹部劃分為「孫行者」、「沙僧」、「唐僧」和「豬八戒」，這些話，是「忘乎所以」的了。那麼，丁則良呢？

這年 5 月，丁氏兄弟都在北京，丁則良是準備出訪，丁則民是編寫教材，期間二人往來頻繁。丁則良看到北京「鳴放」的場景，對人有感而言：北大歷史系「民盟」小組成員在給黨提意見時起了帶頭作用，他們指名批評黨員副校長，說他專權跋扈等，北大「民盟」小組真起作用，而長春各校盟組織則做不到。談及科學研究，他以為：只要一個人在科學研究上取得了一定成績，黨中央就會有正確和公平的估計，絕不會埋沒人的；但是學校（「東北人大」）就不一定會承認這種成績的，因為學校領導人不懂專業，很難作出正確估計。此外，丁則良對物理系主任余瑞璜在學校被排擠離校一事忿忿不平，認為某位副校長「挾私報復」。這年夏天之後，恍惚間揪出了「以余瑞璜、徐利治、丁則良為核心的反黨小集團」，在一份吉林省政協全體會議上的材料上，對於這一「小集團」，內稱：「從學校方面來說，余瑞璜一開始就採取內外夾擊的辦法向學校黨政進攻。從外面，主要是向北京告狀，說學校如何混亂、問題甚多；從內面，主要打擊黨政負責同志，破壞黨群團結。」這樣，在「余瑞璜反黨集團的進攻」下，在「東北人大」「引起的緊張情況到1954年冬達到了頂點」，使「學校黨政當局幾乎不能維持教學工作的正常進行」，「尤其惡劣的，他（余瑞璜）把黨員徐利治（又是盟員）拉過去，並通過徐刺探黨的秘密，尋找黨的缺點，以便誣衊黨的政策，攻擊黨的領導。余同另一個右派分子丁則良關係最密，構成反黨集團的核心，經常策劃於密室之中」，如「兩個月前，丁、徐還在北京策劃，想以幾個人的名義，在《人民日報》上發表文章，造謠余瑞璜的調離『東北人大』係為吉林黨、盟的宗派主義所排擠」，等等。（見1957年8月7日《吉林日報》以及姜東平〈「向黨交心」資料——披露一段往事〉，《文史精華》2008年第5期）

總之，當年「東北人大」揪出一個所謂「反黨集團」，余瑞璜是其「黑統帥」，丁則良是其「黑參謀」，徐利治則是其「急先鋒」。當然，這在1957年的風暴中，只不過是一個小插曲而已。

6. 丁則良之死

在這一個小插曲之中，當事人的遭遇當然也不過是一個小插曲了。

卻說匡亞明校長（此前是中共華東局宣傳部長）在「反右」運動中立場不堅定，態度曖昧，最後又不得「揮淚斬馬謖」，丁則良就是這被斬於馬下的「馬謖」了。

1957年5月，丁則良赴蘇聯出席東方學國際學術研討會，到了這年6月，長春已在聲勢浩大地開展批判「右派分子」余瑞璜等的鬥爭，當時已有人揭露余瑞璜在高教部調查團檢查「東北人大」工作時「倡狂進行反黨活動」，丁則良也有份，這時丁則民敏感到丁則良會出事，急忙告訴嫂子李淑蓉，囑吩她警惕和注意學校對丁則良的態度。其實，丁則良因出國沒有參與「鳴放」，還在出國前，他曾接到某位副系主任希望他早日回校的信函，在覆信中，他表示如組織要他回校參加「整風」，請即電告，但他沒有收到任何電覆和回信，丁則良當時認為這是學校並沒有誠意開展整風，他也沒有在意。然而，當他回到北京時，學校已將他定為「右派分子」，並催促他立即返校接受批判了。丁則良承受不了這一打擊，決定以自殺的方式作為抗議。

丁則良的好友周一良的兒子周啟博曾撰文回憶：彼時，丁則良「返國抵京，聞訊（被打成「右派分子」一事。筆者注）如雷轟頂。丁伯母擔心丈夫出事，從長春趕來北京終日陪伴，丁伯伯明白自己已無出路，也為減輕家人將受的牽連，表面不動聲色，每天像他人一樣看大字報，暗中寫好遺言，終於找機會躲開親人朋友，在北大投湖。當時我讀初一，一天，母親告訴我丁伯伯在未名湖淹死了，看著母親一臉少見的焦灼和緊張，我問：湖水不過腰，怎麼能淹死？母親說：丁伯伯是抓緊水草，把頭埋進泥裏，是自殺。父親不但不能為丁辯誣，還須參加會議批判老友，他發言批判丁伯伯是『辜負了黨的培養重用』，以為調子已經夠高，不料接著發言的陳ＸＸ更加兇猛：『這種人活著也起不了好作用！』父親才知道自己的表現還沒滿足要求。其實，丁與陳私交不錯，丁自沉之前寫下留言給陳說：『我已劃右派，與你只能來生再見。』陳知道如要自保，必須以高於所有人的調子批丁。……父親繞丁伯伯棺木一周以告別，並將丁的遺書長置案頭。我愛翻看父母案頭的文字，所以記住了遺書頭一句話：『我出此下策，是因為實在記不起自己所說過的話……』丁伯伯『鳴放整風』時人在國外，沒有機會說任何話，當然無從記起。可是當局從日常談話中隨意羅織幾句，說你說了，你就是說了。欲加之罪，何患無詞。」

丁則良死後，妻子李淑蓉得知丈夫是自殺，極為震動，她前往「北大」主持入殮。面對丈夫的遺體，她哭訴道：「『人大』有人打擊、陷害丁則良，以致把他逼上死路」，「為什麼學校沒有等他回長春就先宣佈他為『右派分子』？他勞累一生，從未享過福，就死去了。死得好冤啊！」

看到這幅情景的丁則民當然是終生難忘的了，但在當時，他只能在心裏為哥哥的悲劇結局鳴不平。在「向黨交心」時，他是這樣暴露自己的真實想法的。他說：「丁則良喜歡談政治，但仍是個書呆子。書呆子自然鬥不過富於政治經驗的對手（暗指學校裏的某些積極分子。筆者注），結果自己只有死路一條。……他雖然是畏罪自殺的，但他過去曾在學校建系的過程中努力做了許多工作，寫過一些具有一定水平的科學論文（曾被作為『東北人大』的主要學術成果，受到過表彰。筆者注），難道這些成績都因他是『右派分子』而一概予以否定嗎？」他還這樣設想：在「反右」驟發時，丁則良還不在國內，因而他的思想和國內形勢的發展有著很大的距離，「如果那個時期他沒有出國而在長春的話，也許不至於走上『自絕於人民的道路』；……如果『東北人大』的領導在他回長春前未宣佈他是『右派分子』的話，他也許還不會自殺。」等等。

有人說：丁則良是在看到看到《吉林日報》上批判「右派分子」陸欽逕的報導之後，才選擇了自殺的。只是可惜，弟弟丁則民假設的種種「如果」，事實上是永遠不會有什麼「如果」了。此時，丁則民只有做違心之言和沉痛的感慨：「一方面懷恨他堅持『反動』立場，走上自絕的道路，是對子女不負責任；一方面又想他在舊社會供給我上大學、找職業的情形，留戀手足之情，有兩個夜晚因夢到他的往事而驚醒。……他過去驕傲自大、鋒芒外露，常有傷害人、得罪人之事，因而遭到某些人的忌恨。這次，他深恐別人會乘機報復，自己受不了，而出此下策」云云。

導致丁則良毅然殉身的，是「右派」這個罪名。這個「罪名」讓人不惜以命相抵，那麼，它會有多麼嚴重呢？後來在「文革」中的 1968 年，在一份《新東北人大》的刊物上，有這樣一段文字，它會讓人感到：當年丁則良的赴死，其實是有著某種先見的：

「丁則良，是個叛徒，先後在國民黨憲兵團、《掃蕩報》、美國新聞處、B.B.C 電臺等處工作，進行許多罪惡的反革命活動。1952 年到我校後，一直與黨鬧對立，並同余瑞璜、徐利治合謀組成反黨集團，企圖奪取學校的領導權。『反右』後，被劃為『極右』1957 年 8 月畏罪自殺。

像這樣一個十惡不赦的大叛徒、大右派，理應受到黨和人民的嚴厲懲罰，但是在匡賊（即匡亞明）這個大叛徒、大黨閥的黑傘掩護下，竟留了下來，且縱使他、提拔他。匡來校後，就支援他反歷史系黨總支，支援丁辦《史學集刊》，樹立丁的反革命權威，用心何其毒也！更有甚者，丁畏罪自殺後，匡賊同類相傷，慷國家之慨，給丁大辦喪事，並對其女兒說：『你爸爸如果不死，也不一定成右派。』匡賊同叛徒、右派是一丘之貉，不是昭然若揭了嗎？」

丁則良此前在西南聯大讀書時，曾寫有一篇〈緘默的尊嚴〉的文章。文章說：

> 說話原是人類的本能，而且也是社會生活中所必不可少的工具。過分的緘默是違反人性的。但到了一個特殊環境之中，站立在冷酷的事實的面前，眼看著暴力橫行、巧取豪奪的現象不斷發生，正義消沉，自由飲泣，這時，又沒有力量去糾正這些事實，我們除了保持緘默，還有什麼其他的辦法？

在一個一切都違反人性的世界中，違反人性的緘默反而是一件可取的行為了。

一個文明之所以可貴，就在於李蓮英之外還有梁啟超，暴力之外還有人格，逢迎賣國之外還有冰樣的不可破的緘默。

就在這個緘默之中，人類的莊嚴才得到了永生。

那麼，他的赴死，應該是一種「緘默的尊嚴」，抑或是「莊嚴中的永生」了。

就在他死後，清華的後人也曾感慨道：那幾場風暴，奪去了許多清華學人的性命。丁則良，乃至雷海宗、汪籛等的先後含冤而死，以致「我們和母校歷史系的精神紐帶全被切斷」，可謂痛矣。

晚年的王永興先生則在〈懷念則良〉的回憶中泣述：

「1978 年，我調來北大，住在未名湖北畔的健齋。教課餘暇，我時常在湖中島上散步。有一次一個月明星稀的深夜，工作四五個小時，感到疲倦。我從三樓走下來，到湖中島上散步。走到石船上，我忽然想起則良，也是一個深夜，在三十年前，他從這個石船上投水，結束了他寶貴的生命。我站在石船向著水塔的船邊上，三十年前的一個深夜，則良也是站在這裏吧。望著湖光塔影，往事突然湧現在我的腦海裏。我悲傷，憤怒。三十年前一個夏日的清晨，慶華（陳慶華）打來電話，要我立刻到北大來，則良故去了，上午送他到香山萬安公墓。站在電話機旁，我驚呆了，我問慶華，這是怎麼一回事？他回答說，你就來吧，來了，一切都明白了。慶華的聲音急促悽愴。我去請假的路上，走著想著，在那樣兇猛殘酷漫天鬥爭大火裏，一個人的生命火花被吞沒，不是難以理解的事。請假被拒絕了，同時遭到申斥。鬥爭已開展一個多月，我雖然還不是鬥爭對象，但由於在鬥爭會上默不發言，已受到幾次警告。不能請假，這是鐵的紀律。」

死者如丁則良，生者如其好友的周一良、王永興等，多少淒婉的故事。於今，盡成塵埃了。

歷史學家翦伯贊的前世今生

1

翦伯贊（1898－1968），湖南桃源人，維吾爾族（他和沈從文、向達等都是湖南少數民族的驕傲）。

翦伯贊曾先後讀書於北京政法專門學校、武昌商業專門學校、美國加利福尼亞大學，1925 年回國後又參加了國民革命運動，曾奉鄧演達之命赴太原、歸綏對山西督軍閻錫山、綏遠都統商震開展策反工作。大革命失敗後，進步的學術理論界開始反思中國革命的性質，由此又帶出中國社會性質的討論，也是從那時開始，翦伯贊也開始了他中國古代史的研究，當時他嘗試運用馬克思主義的理論，提出中國農村社會的本質是封建生產方式、中國是半殖民地半封建社會，因此必須在無產階級領導下進行新民主主義革命等等。1937 年 5 月，他在南京秘密地參加了共產黨。隨即，翦伯贊很快就以馬克思主義歷史學家知名於全國。

1937 年「七七」事變後，翦伯贊與同鄉呂振羽等發起組織「中蘇文化協會」湖南分會（後為「中蘇文化協會」總會理事兼《中蘇文化》副主編）和「湖南文化界抗敵後援會」等，不久，他的《歷史哲學教程》等著作先後出版，這些著作是他以一個歷史學家的使命感與時代感，以他深厚的學術功力撰成的，當然了，歷史的主旋律決定了當時的歷史學是自覺地為現實政治服務的，如他在書中所說：「現在，我們的民族抗戰，已經把中國歷史推到嶄新的時代，中華民族已經站在世界史的前鋒，充任了世界史轉化的動力。為了爭取這一偉大的歷史勝利，我們認為決不應使理論的發展落後在實踐的後面；反之，我們認為，必須要以正確的活的歷史原理，作為這一偉大鬥爭的指導，使主觀的努力與客觀情勢的發展相互適應。」他還以為：「在目前，隱藏在民族統一陣線理論與行動陣營中的『悲觀主義』、『失敗主義』等等有害的傾向，都有其社會的歷史的根源；因而從歷史哲學上去批判過去及現在許多歷史理論家對中國歷史之一貫的錯誤見解，及其『魔術式』的結論，是我們一個不可逃避的任務。」（《歷史哲學教程‧序》）因此，他的這些著作後來大多被國民黨當局列為禁書而遭查封、銷毀，翦伯贊亦被列為「危險分子」遭到國民黨軍警特務的跟蹤和監視。

翦伯贊在抗戰期間除了在湖南溆浦民國大學、陶行知的「育才學校」任教外，還給馮玉祥開設《中國通史》的課程，並應郭沫若之邀，在郭主持的「文化工作委員會」做學術講演。1943 年，翦伯贊又完成了《中國史綱》（第 1 卷）和《中國史論集》（第 1 輯）的寫作。當時大後方的文壇都公認翦伯贊的詩文俱佳（如後來他創作的《內蒙訪古》等一直是解放後許多學校課文裏的範文），他也常常和郭沫若、柳亞子、田漢等彼此唱和，而當時國民政府軍事委員會政治部部長的張治中還聘他為政治部的「名譽委員」。也是在抗戰進入相持階段之後，他痛心於國民黨日漸猖獗的「消極抗戰」和大後方污濁腐敗的空氣，同時鑒於缺乏言論自由，翦伯贊開始用他所稔熟的歷史知識來進行「影射史學」的寫作，當然，這也開了一個他始料未及的開端，（後來他反省說：「我在解放前，也常用以古喻今的方法去影射當時的反動派。其實這樣以古喻今的辦法，不但不能幫助人們對現實政治的理解，而是相反地模糊了人們對現實政治的認識。」）而當時大後方歷史學家們最有影響的作品，恰恰是這些明確地為現實政治服務的篇章，這如郭沫若的《甲申三百年祭》、翦伯贊的《桃花扇底看南朝》、《論時代的閹宦及閹黨政治》、《論西晉的豪門政治》、《孫皓的末日》等，以及范文瀾、吳晗、丁易等的《曾國藩與袁世凱》、《由僧缽到皇權》、《明代特務政治》等，這只要從標題上就可以看出文章的針對性了。當時翦伯贊還寫有〈評實驗主義的歷史觀〉、〈正在氾濫之史學的反動傾向〉等，不須說，那是批判胡適等的了，此外作為「史觀派」的一員，他還對滯居在北平等地的「考據派」的史學家也進行了批判。

翦伯贊長期以來是以秘密的中共歷史學家的身份出現的（他是由呂振羽介紹入黨的，後為統戰工作的需要，他一直隱瞞著自己真實的身份，甚至在 1949 年後亦如此，據說他只與李維漢夫婦保持著單線聯繫）。1945 年毛澤東赴重慶談判，期間翦伯贊還曾應約到毛澤東的居處聚談，並協助毛澤東和周恩來對馮玉祥等做了不少統戰工作。後來在後方的民主運動中，如「民主政團同盟」（即「中國民主同盟」的前身）醞釀和籌建，圍繞綱領、章程、領導人選等諸多棘手之事，民主人士每每與翦伯贊研究和商量，因為「翦伯贊在應對現實政治方面，表現出燮理陰陽的智慧」，如章伯鈞就非常欽佩地稱道：「說老翦是個歷史學家，那是低估了他！」1946 年 1 月「舊政協」召開，「民盟」中央常務委員兼組織委員會主任的章伯鈞還提議聘請翦伯贊擔任「民盟」代表出席「舊政協」的顧問。此後，翦伯贊還與中共上海工委書記華崗保持聯繫（華崗也是一位中共著名的歷史學家，後來他也遭到了匪夷所思的政治迫害。詳見筆者：〈山東大學校長華崗之案內情〉，《文史精華》2005 年第 2 期），參加各種地下的秘密活動。抗日戰爭結束後，翦伯贊赴上海出任大夏大學教授、大孚出版公司總編輯；1946 年 5 月，他與周谷城、張志讓、夏康農、吳澤、鄧初民等組成上海「大學教授聯誼會」開展民主鬥爭，並與鄧初民等主編和出版《大學月刊》等。1947 年，奉組織之命，他潛往香港，除擔任達德學院教授之外，還與茅盾、侯外廬、千家駒等分別主編香港《文匯報》的「史地」、「文藝」、「新思潮」、「經濟」等副刊。

2

不久，伴隨著解放軍戰車的轟鳴聲，1949 年 1 月，翦伯贊來到解放區的河北。在石家莊附近的李家莊以及西柏坡，他與入城前的毛澤東進行了交談。

終於，翦伯贊以勝利者的姿態進入了「文化城」的北平，走進了原來由諸多名家和名流組成的學者文人圈子。起初，他由吳晗陪同，一一拜訪了北大的向達、俞平伯，輔仁大學的余嘉錫等，這只是禮節性的拜訪，彼此是客客氣氣，當時章伯鈞以為「這是老翦的高明之處」，即「他從前批判那些不問政治，專心學術的人，現在這些人都要和自己共事了。再說，他的『史綱』被不被這些人承認，還是個問題。」當時北大歷史系的陣營最為強大，如教授就有鄭天挺、向達、楊人楩、朱慶永、張政烺、余遜、鄧廣銘、胡鍾達、楊翼驤、汪籛等十數人，如章詒和女士所說：「這些人聚攏起來，即為胡適校長在任時的全班人馬；分散開來，個個皆為飽學之士」，翦伯贊不得不敬畏三分，於是他一開始並沒有到北大任職，也沒有去清華、北師大、輔仁的歷史系，而是先被燕京大學的社會學系聘為教授。此後舊知識分子開始「洗腦」，所謂「喧賓」要「奪主」，如章詒和所說：當時北大歷史系系主任的鄭天挺請馬列主義史學家來學校座談，應邀而來的則是郭沫若、翦伯贊、杜國庠、侯外廬等，不曾想「半路殺出一個青年教師，對這四位來賓的學識頗不以為然，便針對奴隸制社會問題，引出對西方史學的長篇論述，竟旁若無人地講了一個多小時。」會後，翦伯贊大怒。在出門時，他憤憤地說：「北大的會是在唱鴻門宴，幕後導演則是向達」。於是此後種種，當係淵源有自。

繼 1951 年知識分子改造運動、忠誠老實交清歷史運動之後，1952 年「三反」運動開始，原來的那些教授學者之流，須反覆檢查個人的政治立場、學術觀點以及工作態度，當時燕京大學哲學系系主任、中央人民政府委員兼民盟中央政治局委員的張東蓀是運動的重點，翦伯贊在「燕大」就以之為典型，批判張東蓀的「中間路線」，斥其在思想上「一貫反蘇、反共、反人民」。不久，又開始了對舊堡壘採取釜底抽薪的院系調整，結果，專事研究清史的北大鄭天挺、清華雷海宗，竟雙雙被調至南開大學，接替鄭天挺出任北大歷史系系主任的正是翦伯贊。

北大，夙稱「盤根錯節」，不過一如章伯鈞的慧眼識英雄，翦伯贊「是統戰高手，有調和鼎鼐的功夫」，北大歷史系三部分勢力（分別是胡適、蔣廷黻和洪業的舊部）相互融和，而「翦伯贊在行政領導工作方面還是順利的，無論老、中、青，他都能善處。」當然了，學術上的分歧是抹不掉的，「1952 年秋季，系裏討論如何編寫中國古代史教材講稿。他主張按照自己的《中國史綱》的框架模式去編寫，任何朝代都先講經濟基礎，再述上層建築；在上層建築領域，先講政治，再說軍事、科技、文化。但不少教師心裏是反對的，覺得憑空地先講一些經濟現象，反倒使歷史的脈絡變得模糊不清，應當把政治、經濟、軍事、文化等社會的各種因素揉和在一起，做綜合性論述。為了讓翦伯贊放棄自己的主張，聰明的鄧廣銘搬出了由史達林親自定稿的蘇聯官方頒佈的一個關於怎樣講授歷史的決議來。那上面明確寫道：不要把歷史講成抽象的社會發展史，而是要嚴格依照歷史的年代順序，具體講授那些豐富又具體的歷史事實，歷史現象，歷史問題，歷史人物等等。」再後，在批判胡適思想（包括批判《紅樓夢》研究）以及批判胡風的運動中，翦伯贊理所當然認真執行執政黨的方針，但「他只限於政治表態、口頭發言」，或者說，「也就從這個時候開始，翦伯贊不能從容不迫且又遊刃有餘地協調和化解政治需要和學術良心之間的矛盾了」，因為「他畢竟是個學者、史學家。歷史的思辨能力賦予他洞察現實的眼光，善良的本性讓他保持著正直，而倔強的脾氣又驅動著他發出了屬於自己卻並不怎麼符合政治要求的聲音。」對此，章詒和還在文章中舉出若干事例，以此強調「在北大歷史系，腳踏政治、學術兩隻圈子的翦伯贊在竭力維護和保持兩者之間的平衡」，而「這特別體現在對青年教師的培養上」，於是果然北大就成了一個大樹林子，什麼鳥都有（卻並非「水淺王八多」），在翦伯贊的帶動下，「他一方面引導他們學習馬列主義的具體理論，另一方面則強調對歷史資料的廣泛搜集。幾年下來，到了反右前夕，他領導的歷史系已經有了一批業務優秀的教學人才和骨幹。」

3

從 1952 年院系調整之後，翦伯贊任北大歷史系教授兼主任，後又兼任校黨委委員、副校長，並兼任中央民族學院研究部主任、中國科學院專門委員、哲學社會科學部委員、民族歷史指導委員會副主任委員、中國歷史學會常務理事等；此外他還兼任了《歷史研究》編委、《光明日報》「史學」副刊和《北京大學學報》（人文科學版）主編等。在國家政治生活中，他又連續被選為第一、二、三屆全國人民代表大會代表和人大民族委員會委員。到了 1955 年，他還被聘為中國科學院哲學社會科學部常務委員。

也是從五〇年代開始，翦伯贊進入了他學術研究和創作的巔峰時期，當時為了指導全國的史學研究和歷史教學，他發表了〈談談歷史研究和歷史教學的結合問題〉等大量關於歷史唯物主義、史學方法論、歷史人物評價等方面的論文，由他主編的《中國史綱要》也成為中國馬克思主義歷史學的典範，長期被高等院校選為歷史專業的教材。此外他的〈中國農村社會之本質及其歷史的發展階段之劃分〉、〈殷代奴隸社會研究之批判〉、〈莊周哲學之辯證觀〉、〈中國憲政運動的過去與現在〉、〈論中國歷史上的內亂與外患之關係〉、〈關於「亞細亞的生產方式」問題〉、〈論明代海外貿易的發展〉、〈最近之世界資本主義經濟〉以及《中國史綱》第一、二卷（校訂本改名《先秦史》、《秦漢史》）、《中國歷史概要》（與人合作）、《歷史哲學教程》、《史料與史學》、《中國史論集》（第一、二輯）、《歷史問題論叢》等，都被歷史學界所熟悉。

也是從五〇年代初開始，翦伯贊還致力於史學建設，並發起編纂《中國近代史資料叢刊》（共有十一個專題，約兩千多萬字），他親自主編了其中《戊戌政變》和《義和團》兩個專題。從 1961 年春開始，他還兼任了全國高等學校歷史教材編審組組長，主編通用教材《中國史綱要》和《中國古代史教學參考資料》、《中國通史參考資料》、《中外歷史年表》等。

那是翦伯贊如日中天的日子。不過，在這輝煌的背後，伴隨著共和國不平凡的歲月，翦伯贊也開始遇到了「新問題」，比如章詒和在文章中所提到的 1956 年夏季翦伯贊的湖南一行。當時翦伯贊參加全國人大代表在湖南省的視察，「他專門考察了長沙市的文化教育工作，看得相當認真，但是越看越生氣。」於是竟與章士釗一唱一和，批評了省委領導、專署專員，批評了《新湖南報》，批評了新華書店，批評了文化局，批評了「中山圖書館」，批評了文物管理委員會，批評了師範學院，批評了「大漢族主義」，批評了「官僚主義」……。在翦伯贊咄咄逼人的批評聲中，章士釗也不時插話，甚至還說了什麼「人還不如豬」、「現在還不如滿清啦」之類的話。歷史上左派的翦伯贊和右派的章士釗能說到一起，這說明瞭許多問題。

接下來就是 1957 年了。這年夏季「反右」運動開始後，翦伯贊的老朋友章伯鈞受到了批判，當時章百思不解：「我怎麼就錯了？我這是錯在哪裡呀？」後來還是翦伯贊為他解開了疑惑。在章詒和的筆下，有這樣一段兩人談話的記錄：

翦伯贊「嚯地站起來，和父親面對面，帶著一股兇狠的表情，說：『你能做個老百姓嗎？或者像個老百姓，稱他為毛主席嗎？』父親愣在那兒，一動不動。『我叫他三聲主席，再三呼萬歲，他也不會視我為百姓。』父親的語氣凝重。『講對了。你的問題如果能從這裏開始想下去，就想通了。』父親大驚，問：『為什麼？』『伯鈞，你知道自己現在的地位嗎？』……『我知道——部長，兩個民主黨派的負責人，還有政協副主席。』翦伯贊直視父親，說：『不，你現在是一人之下，萬萬人之上。搞明白了嗎？』『我不這樣看自己。』『你是不是這樣看，已不重要。事實如此。』『事實如此，那又怎麼樣呢？』翦伯贊一手扶牆，背靠著父親。聽到這個問話，猛地轉過身來，正色道：『你怎麼還不明白？愚蠢到非要叫我說穿？』『要說穿，因為我現在是最愚蠢的。』『我問你，一人之下，萬萬人之上，是個什麼含義？』『什麼含義？』『含義就是你們的關係變了。從前你和他是朋友。現在是——』說到此，翦伯贊有些遲疑。『現在是君臣關係？君臣！對嗎？』父親毫不猶疑地替他把話說完。翦伯贊不說對，也不說不對；不點頭，也不搖頭。始終站立的父親，緩慢地坐進了沙發。自語道：『懂了，全懂了。我們只有信而無思，大家只有去跪拜。……』（章詒和：〈心坎裏別是一般疼痛

——憶父親與翦伯贊的交往〉，《社會科學論壇》2004 年第 7 期，本文引文未注者皆出於此。）

讀了這段記實，忽然想到翦伯贊同鄉的丁玲恢復自由後赴延安參觀，她在展覽館前講了一番和以上對話相似的話，即同是湖南老鄉，毛、劉、彭等，從前「兄弟」此後「君臣」，等等，算得上都是「經驗之談」，而在上述章、翦一場私下的交心談話結束時，章詒和寫道：那是「臨歧握手，曷勝依依」。當時翦伯贊「愴然道：『半山新村的日子沒有了。』」

果然「半山新村的日子沒有了」。豈止是沒有，今天我們還可以在當年出版的《反對資產階級社會科學復辟》（即中國科學院召開的社會科學界反右鬥爭座談會發言集，科學出版社 1958 年 1 月初版）中找到諸如翦伯贊和郭沫若、呂振羽、侯外廬、金岳霖、羅常培、陶孟和、馬寅初、周建人、竺可楨等的大作，當時翦伯贊還發表過〈擁護大鳴大放，反對亂鳴亂放〉（刊《北京日報》）、《翦伯贊分析右派言論：儲安平、章伯鈞、章乃器、羅隆基論調看來很像集體創作》（刊《文匯報》）等的文章和講話，這一切並不奇怪。

當時中國科學院召開批判反社會主義的科學綱領（即章（伯鈞）羅（隆基）以民盟中央名義制定的〈對於有關我國科學體制問題的幾點意見〉）座談會，在郭沫若發言之後，翦伯贊在發言中卻沒有點一個右派的名字，他在發言結束時還竟說：「我們這些高級知識分子（包括我在內）在大鳴大放期間都說了一點，走了點火，雖然大小程度各有不同，是不是都算右派呢？不是的。我的動機目的是要搞好研究工作，對黨提些意見，雖然過分一些，偏激一些，不要緊，只要動機是好的，不是想搞垮黨，搞垮社會主義，相反的是想搞得更好，那麼言者無罪，而且今後還可以講……」。然而到了 9 月 18 日，在由郭沫若主持的社會科學界批判右派的大會上，翦伯贊在題為〈右派在歷史學方面的反社會主義活動〉的長篇發言中，調子大變，他竟說史學界「有少數資產階級右派分子和具有右派思想的人，他們一直是在不同程度上抗拒馬克思主義，反對共產黨的領導，反對社會主義。這些人在過去幾年中尚有所顧忌，在章羅聯盟發動向黨向社會主義進攻的前後，就明目張膽地發表了各種謬論，並假借學術名義對共產黨進行政治性的攻擊活動，徹底暴露了他的本來面目。」於是，他的矛頭所向，就是中國歷史學泰斗的雷海宗、向達，以及新秀榮孟源等人了。後來章詒和在回憶文章中曾詳細記述了翦伯贊批判他人的經過，老實說，在引用這些材料時，筆者竟數度不忍。在章詒和看來，當年翦伯贊是出於公心，即他「雖為北大歷史系系主任，但他一向關注全國史學界的走向和風氣。他從雷海宗、向達、榮孟源的言論裏，察覺到抵制以馬克思主義觀點方法研究歷史的動向。這樣的問題，對翦伯贊而言，自屬於大是大非了。從一種權威理論的自負出發，也要責無旁貸地為馬列主義史學進行規範性解釋。故翦伯贊激烈指責他們。」當然了，這，又是左派的翦伯贊了。

那麼，左、右，竟是如此勢如兩極麼？章詒和說：「1957 年夏季的翦伯贊在思想上是必須堅守比冰還冷、比鐵還硬的黨性原則，在行為上，他必須義無反顧地積極投入；在公開場合表態，寫批判文章，在批判會上發言。」那麼，他在 1956 年夏季的膽識哪裡去了？此後他與章伯鈞談話時的睿智又哪裡去了？或者，那竟是必須要有的「黨性」？另一方面呢，章詒和在文章中還說：「反右」運動後期進入處理階段時，「有人發現：北大歷史系劃右戴帽的人要比中文系少得多。究其原因，其中重要的一條——除了對向達等人的批判，翦伯贊這個系主任沒有更多地涉及教職員工。翦伯贊畢竟和絕大部分的中國文人一樣，本性善良。」這又如周一良回憶丁則良在未名湖投湖自殺後，周因曾主持批判過這位好友，又不能為之送葬，心裏難過，便在停靈處繞棺一周，表示告別，後來卻在全系大會上受到「溫情」和「立場不堅定」的批評，「只有翦老，在會上聽到我繞館一周的事，意味深長地對我說一句話：『你對丁則良是真有感情啊！』當時心想翦老還有人情味。」（周一良：《畢竟是書生》，北京十月文藝出版社 1998 年版，第 50 頁）顯然，這又是另一個真實的翦伯贊了。

4

翦伯贊曾與郭沫若、范文瀾被譽為新中國「新史學」的三大家，但是他們三人在史學觀點上不無爭論，這比如中華民族的形成、中國古代的社會性質等。

1959 年北京中國歷史博物館落成，當時在「中國通史陳列」中用哪一種古代史分期的觀點來佈置陳列成了一個棘手的問題，當時范文瀾、翦伯贊都很通達，他們主動提出以「戰國封建論」的觀點來布展，從而解決了一個難題。到了 1961 年，北大歷史系接受「文科教材會議」的委託，準備撰寫《中國史綱要》，作為主編的翦伯贊在〈關於處理若干歷史問題的初步意見〉中提出了自己的思路，也為《綱要》奠定了一個基本框架，這在當時得到了陸定一、周揚等的贊同。如人所知，「古史分期」是中國歷史學長期爭論的問題，當時翦伯贊表示：作為學術問題，理應百家爭鳴；但編寫教材，還是使用統一的表述為好，為此他曾以「中國通史陳列」為例，擬採用郭沫若的「戰國封建論」。但當時有人提議由中宣部來決斷，陸定一卻表示這是學術問題，要憑考古工作者發掘出來的東西由歷史學家去討論決定，中宣部不能拍這個板，既然是翦老主編這部教材，當然可以按照自己所主張的「西周封建論」來寫，這樣有利於百家爭鳴，他還鼓勵翦伯贊：「你都不敢寫，誰還敢寫！」據說事後陸定一還向毛澤東作了彙報，毛澤東說同意，並說如果中宣部去管這些事，那麼請馬克思當部長、請恩格斯當副部長、再請列寧也當副部長，也管不了。於是，由翦伯贊主編的四卷本《中國史綱要》便在古代史分期的問題上採用了「西周封建論」，這與郭沫若主編的《中國史稿》便不一樣了。多年以後陸定一「文革」後復出，他把這件事當作「百家爭鳴」的一個範例，並由此引申說：社會科學應該有不同學派的並存，「學術與政治不同，只能自由討論，不應該用戴『政治帽子』和『哲學帽子』的辦法，打倒一個學派，提高一個學派」，後者那樣的蠢事，歷史上僅有梵蒂岡的教皇、中國的秦始皇和漢武帝幹過，等等。

翦伯贊最終是以倡導「歷史主義」引火上身的。其實，所謂「歷史主義」不外就是馬克思主義唯物史觀的要求，尊重歷史的客觀性質以及不脫離具體的歷史條件而已。因此，翦伯贊早就對在學術界逐漸興起的左的一套越來越反感了，如所謂「以論代史」，更簡單的就是滿紙領袖語錄，他說：寫文章滿篇都引用馬克思、列寧、毛主席的話，就是沒有作者自己的話，那你這篇文章應當還給馬克思，還給毛主席，怎麼能算你張三李四寫的？他還直斥所謂「史學革命」的結果：是「內容豐富多彩、具體生動的歷史變成了單調、僵死和乾燥無味的教條，變成了一片沙漠」，以至於「愈空洞愈好，愈抽象愈好，愈枯燥愈好」，完全是「片面性，抽象性，簡單化，絕對化，現代化」。至於史學界「五朵金花」中的農民起義問題，他認為應該歷史主義地對待農民戰爭，農民反對封建壓迫、剝削，但沒有也不可能把封建當作一個制度來反對；農民反對地主，但沒有也不可能把地主當作一個階級來反對；農民反對皇帝，但沒有也不可能把皇帝當作一個主義來反對；且農民起義後建立的政權，只能是封建性的政權；等等。此外對於要用「階級鬥爭為紅線貫穿中國歷史」、「打破封建王朝體系，以農民起義為綱」等，他都提出了自己鮮明的不同的觀點。

章詒和說：「翦伯贊是主張教育為政治服務的，但他決不能容忍教育如此低級地伺候於政治，服務於某項政策。翦伯贊是主張學術要運用馬克思主義觀點、立場，但他絕不能容忍學術如此卑賤地跪拜於權力。」尤其是對所謂「厚今薄古」的強勢話語，他明確表示：那「是應該的，但只是說近現代史比古代史更為重要，並不意味著不要古代史，古代史也完全可以為現代、為今天服務」；此外作為「史觀派」的代表人物，他並不完全排斥「考據派」的「唯史料論」，「他以為馬克思主義者不反對史料工作，而且還重視史料」，如要批判所謂「煩瑣考證」，「他以為馬克思主義者並不反對考證，而且認為這是整理史料的一個必要的步驟」，等等。漸漸地，當年那個左派的翦伯贊，不是分明又「右」了麼，尤其到了意識形態的大批判越來越激烈的六十年代，翦伯贊的思想發生了明顯的轉折，因為他已經深刻地意識到：當下的所謂歷史研究，已與戰爭年代自己自覺地以歷史研究為武器開展現實鬥爭不同，此時甚囂塵上的簡單類比的研究風氣「不但不能幫助人們對現實政治的理解，而是相反地模糊了人們對現實政治的認識」，因為以往那種簡單和輕率的歷史類比研究已經不能運用於現實的中國，而簡單地把歷史上的現實和今天的現實等同起來，「那不是把歷史上的現實現代化使之符合於今天的現實，就是把今天的現實古典化去遷就歷史上的現實，兩者都是非歷史主義的，因而都是錯誤的。」（〈關於歷史人物評論中的若干問題〉，《新建設》1952 年第 9 期）

1963 年 9 月，翦伯贊就當時「反修防修」背景下的史學研究問題致信中宣部副部長周揚，周揚當時正主持全國高等院校文科教科書的編審工作，由於中央辦公廳工作人員的戚本禹在這年第 4 期的《歷史研究》發表了〈評李秀成自述〉，斷定太平天國的後期領袖李秀成是「認賊作父」的「叛徒」，隨後毛澤東又在〈李秀成自述〉批示「白紙黑字，鐵證如山，晚節不忠，不足為訓」，表示了對戚本禹文章的支援，隨即烈士瞿秋白也因犧牲前一紙〈多餘的話〉遭到非議（後又被逐出八寶山革命公墓），這一系列的變化使得史學界為之談虎色變。當時，還有所謂批判「議會迷」的批判文章，即「用宋教仁來影射現代修正主義的議會路線」，而當時擔任高等學校文科教材編審委員會委員、歷史教材編審組組長和主編的翦伯贊卻以為：「忠王是農民革命英雄，有缺點，但不應苛求」；「宋教仁是主張議會路線的，但他的議會路線和陶里亞蒂的議會路線是不能相提並論的。第一，宋教仁代表資產階級，而陶里亞蒂是打著無產階級的旗幟；第二，宋教仁的時代中國還沒有共產黨，而陶里亞蒂的時代，則不僅有了共產黨，而且有了社會主義國家，有了社會主義國家陣營，還有聲勢浩大的亞非拉美各國人民反對新老殖民地的火熱的革命鬥爭。」因此，翦伯贊雖然承認「歷史科學必須為政治服務，必須參加反對修正主義的鬥爭」，但他認為「怎樣進行這個鬥爭，是急待明確的一個問題」，如「戚本禹同志從中國史上抓出了一個變節分子，另外一個同志又從中國史上抓出了一個議會路線者，像這類的文章還會出現，據田余慶同志說，已經有人把春秋時的向戎弭兵說成是和平主義，並且加以反對。這樣下去，可能墨子非攻也要受到批判。不能說這些同志的動機不好，他們都想把歷史用作戰鬥的工具，但是這樣的歷史類比是不倫不類的。例如向戎弭兵是反對封建混戰，怎麼能和現代修正主義者反對無產階級革命戰爭，反對被壓迫民族的解放戰爭相提並論呢？」

翦伯贊當年的擔憂今天看來都有似「小兒科」的東西，然而不久之後，在中國的歷史學界，這種愚蠢的「批判」已是目眼即是，不但墨子、向戎、李秀成、宋教仁，甚至外國的愛因斯坦等等，悉在被「批判」之列了。

也正是在「大躍進」的年代，在「古為今用」的口號下，上述「大批判」的學風有如鋪天蓋地，搞得沸反盈天，翦伯贊為之心急如焚，他認為「在歷史科學中反對修正主義，是反對用修正主義的荒謬觀點來歪曲歷史，不是要從中國史上找出一些人物把他們當作修正主義者或把他們和現代修正主義者比附，……用歷史人物作炮彈來射擊現代修正主義者，花的本錢太大，而且也沒有必要，更重要的是必然會歪曲歷史。」（徐慶全：〈翦伯贊的一封未刊信〉，《歷史學家茶座》第一輯，山東人民出版社 2005 年）於是，他不懈地力圖糾正之，並在北京、南京、上海、蘇州等處不厭其煩地大講「歷史主義」，認為「除了階級觀點以外，還要有歷史主義」（〈目前歷史教學中的幾個問題〉，《紅旗》1959 年第 10 期），並說如果非要堅持什麼「厚今薄古」，則勢必會產生割斷中國歷史的危險，最終只能導致「把歷史的革命性同科學性對立起來，用前者否定後者」，（〈目前史學研究中存在的幾個問題〉，《江海學刊》，1962 年第 5 期）甚至還號召「學習司馬光編寫《通鑒》的精神」，當然了，這就接近於最危險的邊緣了。因為，它根本不符合當時政治運動的要求，由此必然觸動了領袖頭腦中那根「階級鬥爭」的弦，以及被時刻摩拳擦掌準備「將史學革命進行到底」的人所虎視眈眈，而揆諸史實，我們還不難發現：在毛澤東考慮發動「文化大革命」的輿論準備過程中，「抓叛徒」是其中一項最為鋒利的鐵手鐧，從李秀成到劉少奇（以及「61 人集團」等等）就是隱約可見的一條線索。顯然，不知深淺的翦伯贊為此必將付出巨大和慘痛的代價。

5

一場「文革」的發動，有人說是用兩顆著名歷史學家的頭顱開刀問祭的。「如果說，姚文元用的是吳晗的頭顱，那麼，戚本禹用的則是翦伯贊的頭顱。」（王學典：《翦伯贊學術思想評傳》）另據張傳璽先生的說法，則「批判」翦伯贊的始作俑者，是《紅旗》編輯的關鋒於 1963 年開始醞釀的，即他於這年 6 月在北京展覽館發表〈在歷史研究中運用階級觀點和歷史主義的問題〉（後關鋒與林聿時共同署名發表於《歷史研究》第 6 期）的演講，以此為導火線，揭開批翦的序幕，林傑、朱永嘉等也予以唱和。

1965 年 12 月，《紅旗》雜誌發表了戚本禹的文章〈為革命而研究歷史〉，文章公開對翦伯贊的歷史觀點進行了批判，即對 1961 年以來他先後發表的〈對處理若干歷史問題的初步意見〉、〈目前史學研究中存在的幾個問題〉等糾左的文章進行攻擊，斥之為「超階級」、「純客觀」的資產階級觀點。翦伯贊不知就裏，他還對到訪的《文匯報》記者批評姚文元〈評新編歷史劇【海瑞罷官】〉的文章，認為姚文元是「打棍子」、「扣政治帽子」，並認為吳晗「在政治上沒有問題。如果這樣整吳晗，所有正直的知識分子都會寒心」，等等。

1966 年 3 月，《紅旗》又發表戚本禹、林傑、閻長貴等人合寫的〈翦伯贊同志的歷史觀點應當批判〉，隨即給他扣上「資產階級史學代表人物」的帽子，並指責他提出了「反馬克思主義的史學綱領」，隨即全國報刊開始對他進行指名道姓的批判。這裏所說的「反馬克思主義」，就是指翦伯贊曾提出過的「歷史主義」（以及並非他「創造」的「讓步政策論」等），以及「歪曲和污蔑農民革命」、「美化和歌頌帝王將相」等，正如田餘慶先生所說：「伯贊先生竟以反馬克思主義之詞獲譴，含恨以死，這實在是太不幸了」。(〈歷史主義無罪〉) 此後，戚本禹等人又發表了〈反共知識分子翦伯贊的真面目〉等，誣衊、誹謗，無所不用其極。

也是這年3月，毛澤東在杭州同康生、江青等人進行了多次談話，談話中以嚴厲的口吻批評了中共北京市委以及中宣部，說北京是「針插不進，水潑不進」，號召要解散市委；又說中宣部是「閻王殿」，號召要「打倒閻王，解放小鬼」。在談話中，毛澤東還說吳晗和翦伯贊是「學閥」，包庇他們的則是「大黨閥」(暗指中共北京市委書記的彭真等，乃至劉少奇)。很明顯，此前雖說毛澤東並不反對翦伯贊、范文瀾提出的「西周封建論」，而且翦、范二人還曾對其他歷史分期的主張者如尚鉞等進行過批判，但現在翦伯贊與尚鉞等一樣，所謂「剃人頭者被人剃」，他們都難以逃脫政治運動的厄運。

一俟「文革」正式發動，繼陸平、彭佩雲等之後，「文革」發難地的北大就把翦伯贊(所謂「一翦二馮」，即翦伯贊、馮定、馮友蘭)拋了出來，先是由歷史系黨支部主持召開批判會，隨即中宣部副部長和華北局第三書記張磐石率工作組進駐北大為「社教」做準備，最後北大黨委佈置批翦，而中宣部也通知翦伯贊本人，報刊上將公開批判他。至於「批判」的口實，是他「寫文章不引用毛主席的語錄」、「為吳晗鳴冤叫屈」等等，此後他便被戴上了「漏網大右派」、「反共老手」等帽子，接著被造反派批鬥達百餘場，且幾乎每次都受到拳打腳踢，後來又升級到日夜被審訊和逼供，乃至幾乎被趕出家門。

此前在大難來臨之際，1966年4月7日，范文瀾派助手到翦伯贊家中探望，並轉告范將到翦宅午餐的約定，但數天之後，范的助手又轉告翦：范不能如約前來了。有特殊背景的范文瀾的這個變更，讓翦伯贊更加領略了「春寒」。6 月 3 日，《人民日報》發表重磅炸彈的文章：〈打倒史學界的東霸天、西霸天〉，其矛頭直指范文瀾和翦伯贊。隨之，歷史系的向達、邵循正、周一良、鄧廣銘、楊人楩等也統統被打成「牛鬼蛇神」，這時，不管是翦伯贊還是他曾經批判過的向達，他們的命運都被拴在了一起。終於，翦伯贊驚聽回視，他似乎明白了當年與章伯鈞所恍然的自己的「信而無思」，他也大概已經勘破了自己將近古稀之年的命數，而在章詒和的筆下，竟是這樣的一幕：「一次，孫兒翦大畏從南方跑到北京去探望他。進門便喊：『爺爺』，他坐在椅子上，頭也不轉，只問了一句：『是大畏吧』，便不再說話，像一尊佛，參透了生死貴賤和榮辱。」

時間到了 1968 年 10 月，中共八屆十二中全會召開，毛澤東在全會的講話中提出對「資產階級學術權威」也要給予出路，因為「不給出路的政策不是無產階級的政策」，並且以翦伯贊、馮友蘭為例。他說：「北京大學有一個馮友蘭，是講唯心主義哲學的，我們只懂得唯物主義，不懂得唯心主義，如果要想知道一點唯心主義，還得去找他。翦伯贊是講帝王將相的，我們要想知道一點帝王將相的事，也得去找他。這些人都是有用的，我對於知識分子，要尊重他們的人格。」（馮友蘭：《三松堂自序》，人民出版社 1998 年版，第 173 頁）這裏毛澤東講話的語境，是把馮友蘭、翦伯贊和眾多知識分子（當然是「資產階級知識分子」）一道來說的，這也表示了對「臭老九」的政策，「文革」中對知識分子政策的調整就是通過這種方式變相地進行的，於是身處逆境中的馮友蘭、翦伯贊，就在「工宣隊」的安排和自己感激的心情下寫信感謝毛澤東。其實，毛澤東的講話，意思是很明白的，即在政治和學術上是不能對之心慈手軟的，不過「今後在生活上可以適當照顧」而已。此後，北大軍宣隊向馮、翦傳達了「最高指示」，翦伯贊夫婦還得到了優待，他們被遷入一幢小樓獨家居住，並被派了一位為他們服務的工人。這時，誰都以為翦伯贊已被毛澤東「解放」了，然而沒過一週，翦伯贊夫婦卻決然赴死矣。

翦伯贊夫婦的死，竟是與湖南人的國家主席劉少奇相連到了一起。當時尚未廢黜的國家主席劉少奇已被內定為「叛徒、內奸、工賊」，至於其具體的「罪行」之一，則是曾與蔣介石、宋子文、陳立夫等「勾結」，而三十年代圍繞一致對外而展開的國共第二次合作的秘密接觸和談判，湖南人的呂振羽、翦伯贊都參與其中，於是，翦伯贊竟成為「劉少奇專案組」搜取相關證據的重要人證。

就在毛澤東講話剛剛兩個月之後，12 月 4 日，「劉少奇專案組」的副組長、一位名叫巫中的軍人（據說此前是八三四一部隊的一個副科長）繞開學校的「軍管」當局，帶著幾名副手，在歷史系「翦伯贊專案組」幾個人的帶領下找到翦伯贊家。巫中一見翦伯贊，就板起臉孔宣佈說：「翦伯贊你聽著：劉少奇的罪行，已經查清楚，中央已經做了結論，他是叛徒、內奸、工賊，馬上就要在『九大』上宣佈。你是站在毛主席革命路線一邊，還是站在劉少奇一邊，現在就看你的表現了！」巫中還講了劉少奇在歷史上是「叛徒」的情節，並說翦伯贊是知情人，「你只要證明有這麼回事，簽上字就沒你的事了。」對此，翦伯贊沉默不語。巫中緊逼翦伯贊不放，但翦伯贊拒絕作偽證。最後，巫中給翦伯贊留下三天時間的考慮，說完揚長而去。

這三天，是翦伯贊七十年人生中最漫長的三天。這三天，他仔細回憶起一件件往事，但他怎麼也回憶不起劉少奇有過「叛變」行為。第三天，巫中又來了，他一聽翦伯贊還是「回憶不起來」那句話，頓時暴跳如雷，他指著翦伯贊的鼻子叫道：「你不交代清楚，只能是死路一條！」最後，他還留下一句話：「我還要來的！你不交代清楚我決不放過你！」此後，不到兩個月，巫中每隔三兩天就來一次，而且每次越來越氣急敗壞，每次越逼越緊，情急之中巫中還從腰間拔出手槍，往桌上一拍，吼道：「翦伯贊！今天你要不老實交代，老子就槍斃了你！」最後，逼得翦伯贊非得要以死相抗爭了。

在接下來的幾天，翦伯贊夫婦默默相對而坐，甚至通宵不眠。翦伯贊開始向管理人員索要安眠藥，直到藥量可以達到赴死的程度。12 月 19 日晚，翦伯贊夫婦一同服下了安眠藥。第二天，人們發現翦伯贊夫婦已服用了過量的「速可眠」離開了人世，此時翦伯贊夫婦各睡一張床，揭開被子，但見兩人都整整齊齊地穿戴著嶄新的衣服和鞋子。在翦伯贊中山裝的兩個下衣袋裏，還搜出兩張小紙條，展開來一看，一張上寫著「我實在交代不出什麼問題，所以走了這條絕路」，另一張上寫著「毛主席萬歲！毛主席萬歲！毛主席萬萬歲！」（張傳璽：《翦伯贊傳》，北京大學出版社 1998 年版）

此後，北大當局感到事情重大，迅速上報有關方面。不久，遲群突然來看視了翦伯贊夫婦的遺體，又不久，謝富治在電話中痛罵了「軍管」當局的副軍長，並說：「毛主席知道了，批評了，你們把事情搞糟了，都是些廢物！」原來，毛澤東聽到消息後極為震怒，因為此前宣佈給翦伯贊「出路」是要通過這個典型給整個知識分子以「出路」，這是他的戰略部署，翦伯贊被逼而死顯然破壞了這一戰略佈署。隨後，毛澤東和周恩來又嚴厲批評了謝富治，最終負責「軍管」的那支部隊被調往外地。而翦伯贊夫婦的死，卻意外的解脫了其他北大「牛鬼蛇神」的困境，如另一位堪與翦伯贊並稱的北大「反動學術權威」馮友蘭，也居然被從監禁中放回家中了，其原因「也許是怕我們也自殺吧。」隨即毛澤東委託謝靜宜向馮友蘭致意，馮友蘭趕緊「寫了一封信，還作了一首詩，託謝靜宜轉達。這首詩說：『善救物者無棄物，善救人者無棄人。若有東風勤著力，朽株也要綠成蔭。』（《三松堂自序》，第 174 頁）周一良也回憶說：「紅衛兵把我們身邊的剪子、小刀以至剃須保險刀都收繳了去，於是證實了翦老的噩耗。」（《畢竟是書生》，第 70 頁）

6

「毛主席萬歲！毛主席萬歲！毛主席萬萬歲！」翦伯贊臨死前寫的這張紙條後來被印在他的傳記前面，我曾多次久久地凝視它，遙想不已。

是呵，從此，在眾多的「文革」的死難者——自殺者之中，又多了一對翦伯贊夫婦。當年這一噩耗震驚了不少人，尤其是知識界，所謂「右派」悉數被「打翻在地」，現在，連「左派」也危乎殆哉。北大的學人更是人人自危，如周一良先生驚歎道：「我大為震驚，心想他解放前經歷過多少艱難險阻，都未被嚇倒，何以如今頂不住。」（《畢竟是書生》，第 70 頁）其實，原來的如何「艱難險阻」並沒有什麼，現在高喊著「毛主席萬歲」而輕擲了性命才是最讓人痛心不已、也最是悲劇的。人，到了這一步，從前種種鎩羽暴鱗的經歷都不算什麼了，問蒼天，天知否？俗語說「小人知進不知退」，則又如章詒和所說：「古人云：進不喪己，退不危身。進不失忠，退不失行。——這是一個很高的行為標準和道德規範。絕大多數人是做不到的。翦伯贊做到了，以生命為證。」同時，我們還不要忘了伴隨他一道赴死的夫人——「賢淑嬌小的戴淑婉也跟著走了。幾十年來，作為婦道人家，柔弱的她只存在於小家庭。但在人生結尾處，竟是那麼地耀眼。『柔軟莫過溪澗水，到了不平地上也高聲。』她以死鳴不平。」

至於翦伯贊臨死前寫的紙條，章詒和問道：那上面「手書的『三呼萬歲』又是什麼呢？——是以此明其心志，為子女後代著想？是對文革發動者的靠攏，在以死對抗的同時，表示心的和解？抑或是一種『我死你活』、『我長眠、你萬歲』的暗示性詛咒？」她又說：

「我總覺得翦伯贊不同於老舍，也不同於鄧拓。他的手書『萬歲』一定有著更為隱蔽和複雜的內容。」陳徒手則說：那是「中國知識分子『文革』中自殺的標準格式」。「標準格式」，以後的人們會理解它麼？

翦伯贊死矣，甚至，他沒有留下任何骨灰。當時在火葬場，送葬人竟在填寫「骨灰處理」一欄時寫道：「不要骨灰」。

1979 年 2 月 22 日，在他的追悼會上，擺放在會場前方的骨灰盒裏，只有三件物品：一是翦伯贊的老花眼鏡，一是馮玉祥曾送給他的自來水筆，一是他們夫婦的合影。

1981 年，王力先生為「文革」中死難的 5 位友人寫詩哀悼，其題翦伯贊云：「馬班事業一家言，讓步何堪大罪論。大獄株連莫須有，夫妻服毒死含冤！」

一代史家，從此追隨「兩司馬」的先賢於地下。可歎也夫！

何兆武先生的「口述史」

1

何兆武先生是如今在世的中國老一代的歷史學家之一，他曾先後在西南聯大就讀於土木系、歷史系、哲學系、外文系，光是這個經歷，就讓人嚇一跳了，後來他是中國社會科學院歷史研究所研究員、清華大學思想文化研究所教授，譯有康德《歷史理性批判文集》、羅素《西方哲學史》、盧梭《社會契約論》、巴斯卡《思想錄》、柯林武德《歷史的觀念》、伊格爾斯《二十世紀的歷史學》等，著有《歷史與歷史學》、《中西文化交流史論》、《歷史理性批判散論》等，都曾在讀書界產生過不同程度的影響，最近何兆武先生的「口述史」之一——《上學記》也由三聯書店於 2006 年 8 月出版了，熱讀之後，感覺真是十分暢快，甚至愚以為：如果我們每年都能夠讀到一兩冊這樣的書，也算不枉了。可惜，老人家用真性情寫出的這種書，在書肆上見的卻是不多。也是因此，也就更加矚目和翹盼作者另一部的「口述史」——《上班記》的早日問世了。

說起來「口述史」並不是一個新鮮的事物。歷史作為一種資訊，它從先人的圖畫符號、遺跡遺物、神話傳說、民間故事、語言文字再到如今多種媒介和媒質的承傳，一直是以多元的渠道來發送和傳襲的，如文字載體的歷史，首先是經過「口述」等的彙集和整理而成的，但是，如同許多民族在童年時代往往會對罕見的自然現象或他們心目中的超人和偉人有著源於自身的「童年」而產生的依賴、畏懼、崇拜等情感，他們對之的歷史記憶也會不斷重複、想像、誇大和變形，最後也就演化成歷史和神話的我中有你、你中有我，如形成為文字，似是而非、真假摻半，就是最慣常的現象。此外，即使是走出「童年」的民族，由於血緣氏族等因素的滯後效應，以及顧准先生所說過的中國傳統的「史官文化」對歷史資訊的有意剔選和整合，於是許多靠自己堅韌的書本學習和豐富踐履的經驗而洞見了歷史真相的人們，便對這種歷史的書寫和記憶產生了深刻的懷疑，如魯迅從小就對官方認可的「正史」存有戒心，反倒以為民間的「野史」和文人的「筆記」等卻稍可以映出些許歷史的真相，那麼，在一個普通人喪失了表達自己回憶和意願的權利、歷史學家也沒有真實記載歷史資訊權利的時代和國度，漫說「口述」，就是用文字砌成的歷史書籍也時有文字獄的危險，於是，真實的歷史資訊往往因此流失了。因此，雖然歷史學在中國有著十分悠久的「歷史」，但現代意義上的歷史寫作——甚至包括「歷史」這一名詞本身，多少也是來自於異域自西徂東的影響。於是，一般來說，「口述史」堂而皇之的出現，應該是在民主成為制度之後的事了。

上世紀六十年代前後，大概是受了美國哥倫比亞大學開創的「口述歷史」的影響（1948 年成立相關的研究室，由其東亞研究所所長韋慕庭所倡導，並曾約請胡適、李宗仁、顧維鈞、陳立夫、張學良等以自己決定公開發表時機為條件做口述，此後相繼整理出版有在美國做寓公的顧維鈞、何廉、蔣廷黻以及張學良等的回憶），海峽彼岸的臺灣歷史學界繼唐德剛先生為胡適、李宗仁完成兩部口述歷史的著作之後，也相繼感悟到「口述史」的時不我待（唐先生曾有代表性的感受：「作為一個流落海外的華裔史學工作者，眼底手頭所見，是一些琳琅滿目的中華無價之寶，眼睜睜地看其逐漸流失，內心所發生的沉重的使命感和遺恨、惋惜之情交織，而又無能為力，心理上的孤獨之感，真非親歷者所能體於萬一也」)，開始著手於對「口述史」的準備和進行。到了後來，海峽兩岸又都為了編修各自所著手的史書而以「搶救史料」的心態進行「口述史」的活動，迄今已演為大觀，何兆武先生「口述史」無疑就是這其中的一枝奇葩。

2

如同葛兆光先生在閱讀了《上學記》以後的感受，我們真是豔羨和追慕「成為中國那一代的知識分子」(見葛兆光先生的同名書評)。原來，他們那一代中國的知識分子，執著地追求國家的富強和相信存在所謂普遍真理，他們的人生經歷和心路歷程，真的是與我們很不同，你叫它「精衛填海」也好，「飛蛾投燈」也好，畢竟是曾經無比真誠地面對過生活和嚮往憧憬過將來。

再有呢，又如陳平原先生所說：何兆武先生那一年代的學者，其特點是曾受到過系統的中學和西學的訓練，他們是「正規軍」而非「游擊隊」。這就是說，他們的學養與境界是吾輩難以企及的，雖說他們後來也曾長年被壓抑，著述有限，但各種資訊表明，他們基於自身早年的良好教育和後天長年的生活磨練，養就了一種獨特的人格魅力和睿智，以及難得的治學態度和學術精神，特別是在他們的晚年，已是「夕陽無限好」，凡事皆能看開，又無欲則剛，於是落於筆下，自是獨出心杼和滿紙芬芳。

《上學記》，如作者所言，主要是「絮絮談了一些往事，是想就自己的親身經歷從一個側面回憶當年一個小小的學園裏有關史學理論的情況和氛圍」，如果說它是珍貴的，是因為「再過些年，恐怕知道的人就不會很多了」，或者是作者所「絮絮」談論的，「只是歷史的細節」，「可是正像現在流行的一句話『細節決定一切』一樣，看到歷史的細節，常常會反過來，讓你更加理解歷史的脈絡和輪廓」，這比如當年在日本飛機轟炸時，西南聯大兩位先生梅貽琦和吳晗的不同表現，等等。至於那個「小小的學園」，就是西南聯大，關於它已經有了許多的回憶甚至是「神話」，不過在作者看來，那些回憶或者研究的文章「往往會有兩個偏頗，一個是過分強調政治鬥爭，好像這成了大學裏最重要的內容；另一個就是儘量淡化政治鬥爭：既然大家都是校友，都是平等的，就不要強調政治，無論當初是反動的或革命的都不要提」，這都不符合歷史的真實，於是他以親歷的資格，有他自己的解詮，那麼這一句「一個人的一生有幸有不幸，看你選擇哪條道路」也就格外富於滄桑之感了。

在筆者的記憶中，何兆武先生曾是吾鄉侯外廬先生「班底」的「諸青」之一，那也就中國史學界的「侯外廬學派」的成員了，可惜至今我們對它還很少有研究，何兆武在書中提及「諸青」之一楊超的英年早逝，並由此感觸「社會進步的規則（不是指規律 law，而是指 the rule of the game）本來應是擇優汰劣；但有時候歷史的現實卻反其道而行之，把它最優秀的分子淘汰掉了；這就遠非是一個我們這些苟活下來的後死者的道義和倫理的問題了，而更其是一個社會應該怎樣進步的問題」。這裏，不獨有作者作為過來人的感悟，更有提升至形而上的思考，或者說：作者具備兩重身份，他是歷史家，又是哲學家，前者，他會時刻提醒自己：「追求人生的美好，不是化學家的任務，也不是經濟學家的任務，但它永遠是一個歷史學家所不可須臾離棄的天職。很難想像一個不是為追求人生的美好這一崇高的理想所鼓舞的歷史學家，能夠寫出一部真正有價值的歷史著作來」，以及「柏克認為完美在現實之中是不可能存在的，人們不應該沉溺於哲學家的理性的夢想，人們應該清醒地看到現實政治的任務只在於使人們怎樣可以避免或者糾正現實世界中的弊端。而傳統的智慧則是我們所能倚恃的唯一武庫。不善於運用這種武器，人類就永遠沒有改進的希望。或許，這也就是歷史學的價值之所在。」後者，作者在記憶和追述歷史的同時，也常常有「歷史哲學」式的致思，比如書中他對「幸福」一詞的理解：所謂「pleasure」、「happiness」和「blessedness」，何先生以為：簡單的信仰不能等同於幸福，因為它沒有經歷批判的洗練，不免流入一種盲目或自欺，只能是淪為愚夫愚婦的說法，因此，「一切必須從懷疑入手」，至於「幸福」，「幸福是聖潔，是日高日遠的覺悟，是不斷地拷問與揚棄」。

我記得此前中央電視臺好像有一個大型的「你幸福不幸福」的公眾採訪節目，其中一個基調和圖像是配了音樂「幸福在哪裡」的茫茫蒼天之下的飛鳥，無疑，那意思是指同樣生活在蒼天之下的各色人群，他們的對於「幸福」的理解和詮釋。何先生說：「幸福的條件有兩個，一個是你必須覺得個人前途是光明的、美好的，可是這又非常模糊，非常朦朧，並不一定是什麼明確的目標。另一方面，整個社會的前景，也必須是一天比一天更加美好，如果社會整體在腐敗下去，個人是不可能真正幸福的」。在書中的另一處，他再次強調：「幸福最重要的就在於對未來的美好的希望，一是你覺得整個社會、整個世界會越來越美好，一是你覺得自己的未來會越來越美好」。讀了這些文字，我突然心情變得很難受，因為：本來沒法相比的我們和過去西南聯大學生的何先生，對「幸福」的感悟，實在是太不同了，或者又是太相同了……

3

不過，用了真性情來回憶往事，可能也會稍稍過了頭，犯了主觀的錯誤。如該書第 135 頁說到楊沫的《青春之歌》，作者以為「寫得很不符合當時的情況」。何以此說？原來何先生以自己的親歷親聞以為：小說故事主人公，即林道靜與余永澤曾在沙灘北大公寓裏同居為不實，因為何先生的兩個姐姐就曾是北大的女生，住在馬神廟的北大五齋，「我去過好多次」，「可是沒聽說誰是結過婚的」；就是男學生，「也很少有人結婚，除非是從偏遠地區或農村裏來的，城市裏長大的大都沒結婚」，「可是書裏寫林道靜不但結婚了，還和人同居，而且還換了人，那在當時簡直是絕無僅有的事情，哪有女同學隨便跟人同居的？」

何先生還說：「一個人寫小說，總是有意無意地把自己的經驗寫在裏邊，所以那些情節就顯得太虛假，完全不符合當時的真實情況。」我覺得：何先生的這個判斷，有點主觀了。

不錯，「一個人寫小說，總是有意無意地把自己的經驗寫在裏邊」，楊沫的《青春之歌》就是以她自己的閱歷為素材的，至於當年在沙灘北大公寓與人同居的事，還可以證之於張中行先生晚年的回憶錄《流年碎影》。即在該書「婚事」一節中，張先生回憶自己考入北大後，住在沙灘略南大豐公寓，期間結識了一位叫「楊成業」的女高中生（不是北大女生）。在述說兩人結識的過程時，張先生回憶道：「其時我正幻想維新，對於年輕的女性，而且膽敢抗婚的，當然很感興趣，就表示願意見面」，及見面，發現對方「十七歲，中等身材，不胖而偏於豐滿，眼睛明亮有神。言談舉止都清爽，有理想，不世俗，像是也富於感情」等，於是，「正如一切男性一樣，對某女性印象好，就想親近，並有所想就實行」。果然，此後「形勢是恨不得立即化百里外為咫尺，並且不再分離。記得是 1932 年的春天，她回來，就住在我那裏。」也許，張中行的個案，是「除非是從偏遠地區或農村裏來的」。至於那以後，所謂「而且還換了人」等，張中行的回憶中也有提及，即所謂「我負心，兼落後，所以她由幽谷遷於喬木」等等。可見，何先生當年的閱歷可能還不夠知道這一切，而且他那時大概還未睹未聞過那些「絕無僅有的事情」。其實，一自「五四」新文化運動之後，類似的故事就曾不絕於耳，尤其到了上世紀三〇年代。在我印象中，師陀寫的小說《馬蘭》，也取的是同樣的題材，而且也是以實事為依據的。

《上學記》另一處提及當年西南聯大讀書時，同學的鄒承魯（後為科學院院士，最近逝世）曾對作者說：在西南聯大的教師之中，「最佩服的是陳寅恪，最不欣賞的是馮友蘭」。所以「最不欣賞」馮友蘭，在當年，倒不是出於學術觀點的差異，而是出於政治的原因，即許多同學反感於馮「對當權者的政治一向緊跟高舉」，如當年他那本《新世訓》最後的《應帝王》，「是為蔣捧場的」，因而有失學者的身份。後來，馮友蘭在「批孔」運動中又曾隨江青赴天津，期間寫了一些詠史詩，其中有「爭說高祖功業大，端賴呂后智謀多」等等，何兆武先生以為：「這話說得毫無根據。現在有關漢初的史料主要是《史記》和《漢書》，可是這兩部書從來沒提到漢高祖打天下全靠（『端賴』）呂後的智謀，捧呂后其實是捧女權，跟著江青的意思走。」是耶非耶？

其實，當年「文革」結束之後，如梁漱溟先生等就特別反感於馮友蘭的「曾諂媚江青」，彼時馮先生則徵引《周易・文言》中「修辭立其誠」的話來反省和批判自己，認為自己的問題「不是立其誠，而是立其偽」，不過，在具體情節上，他是有所保留的。比如「曾諂媚江青」一事。在寫《三松堂自序》時，馮友蘭特意就此事述其原委。原來，1973 年謝靜宜代表江青訪問馮友蘭，之後有人建議他上書銘感，「信是寫給江青的，但表示感謝毛主席、黨中央」。再後，江青「導演」了一齣「批孔」的鬧劇，可憐「一代大儒」的馮友蘭竟被其玩弄於股掌之上，所謂大會發言、外出參觀（天津）等等，及在小靳莊看了農民寫詩，又詩興大發，在醫院時吟〈詠史詩〉25 首，其中歌唱「女皇」武則天，所謂「則天敢於作皇帝，亙古中華一女雄」等，這又被人非議為「諂媚江青」。此外，1976 年華北地震，江青又親到北大地震棚來看望馮友蘭，事後馮友蘭又「奉旨」獻詩，所謂「主席關懷如旭日，萬眾歡呼勝夜寒」云云，不久，江青又赴清華講話，再次招見了馮友蘭。那麼，馮友蘭的這些「詠史詩」，是不是意在恭維江青呢？在《三松堂自序》中，馮友蘭是這樣解釋的，即當時自己是從「批儒」的觀點出發，以為武則天「反儒」最為徹底，卻並不知道「江青有作女皇的企圖」，儘管當時全社會私底下都有議論「女皇」的傳聞，然而他自己「向來不信小道消息，我坐在書房也聽不到多少小道消息，我認為小道消息大概都是國內國外的資產階級編造出來的。我只信報紙上的消息，我對於國內外形勢的認識都是以國內的報紙為憑」，於是，局促於書齋中的馮友蘭果然「畢竟是書生」，他大概不曾會料到：「向來說，『詩無達詁』，可以靈活解釋，但是靈活也不能靈活到這樣的地步。」後來，馮友蘭的女兒宗璞女士更譴責道：「有些人慣於歪曲詩的本意，甚至在所謂研究文章中杜撰，把自己的揣測硬安在別人頭上，這種做法甚不足取。」

那麼，是不是現在何兆武先生又來妄自「杜撰」和「揣測」了呢？《上學記》還說到《三松堂全集》。何兆武先生說該書主持者涂又光先生曾向他解釋《三松堂全集》不收馮友蘭在歷次政治運動中檢討，「因為那都是言不由衷」的，我記得許多馮友蘭的弟子在寫紀念先師的文章時，也每每提到「其過也，如日月之蝕」這句話。

但是，何兆武先生卻不同意這種觀點，從出版角度來說，「作為一個全集來說，凡是他有的就都應該收，至於言不由衷還是不由衷要由讀者來判斷，不能由編者來決定，不然就應該叫選集。雖然有的人在迫於壓力的情況下說了假話，可是這些作為原始資料都應該保留。馮先生的作品也不例外，而且我以為，馮先生的檢討是他平生著作裏最值得保存的一部分，因為它代表了那一代中國知識分子自我反省的心路歷程，有極大的歷史意義，可以算是二十世紀下半葉中國知識分子的一種非常典型的思想狀態的結晶。所以，不但不應該刪掉，反而真應該給它出個單行本，為當時中國整個文化界、知識界留一份典型史料，這甚至於比他的著作還重要，更有價值得多。」筆者以為：何兆武先生說得很對。也是因此，我對許多所謂《全集》抱懷疑態度。其實，何先生的建議並不是沒有影子，前些年出版的聶紺弩、沈從文、郭小川等的集子，全集或是「檢討」的單行本，都已有了先例。

老舍與胡風

——大水是如何沖了龍王廟的

1

暑天，看了蔣泥的新著——《老舍之謎》（中國書店 2007 年版）。

新文學史上的「魯郭茅巴老曹」六位大師，老舍，他有怎樣的「謎」呢？作為書籍策劃選題的《大師之謎》叢書之一，這本《老舍之謎》，即所謂傳主老舍一生的「謎」，蔣泥共列出「出生」、「出道」、「情愛」、「創作」、「離亂」、「個性」、「地位」、「自殺」八個「謎」，其實，這也是老舍生平與創作的八個「問」，庶幾等同於一部老舍的傳記。所不同於一般傳記的，是蔣泥以「謎」或「問」的方式來開啟老舍的傳記，可謂別開生面，很能吸引讀者的眼球。至於穿插在八個「謎」中的數十個「問」，也大致概括了老舍的一生與其創作。

蔣泥開列的老舍之「謎」，引人入勝，它是——「牛津大學的學生學中國語文時，為什麼只選老舍的《我這一輩子》做教材？《我這一輩子》寫了什麼？有何特色？」

「脾性惡劣的姑母為什麼都不得不承認新生的老舍，『這小子的來歷不小，定會光宗耀祖』？」

「老舍是怎樣從貧苦小兒一步步登上文學聖殿高峰的？在此過程中哪些人和哪些機會起到了關鍵性的作用？」具體來說，這還有：「為什麼說一個不怎麼相干的闊大爺，成就了老舍？」「老舍的最終學歷是什麼？為什麼學歷那樣低還能出國？」「滿族及其文化對旗人作家老舍影響究竟有多大？為什麼說曹雪芹和老舍是滿族人貢獻給世界的最優秀的作家？」「老舍為什麼要出國？又為什麼能出國？」「老舍是怎樣吸收經典裏的精華，化而為自己血液的？」

「老舍的情感生活經歷了哪些動盪？它們在他的生命裏佔據了什麼樣的位置？又如何表現在他筆下人物的身上，成為一種創作『模式』？」這還有：「老舍和闊大爺的千金小姐苦苦相戀，卻終不能成為眷屬，他們之間究竟發生了什麼？這位千金小姐又如何成了老舍小說裏人物的原型？」「老舍的婚姻經歷了什麼樣的曲折？」

「老舍是如何寫出一篇篇經典作品的？它們各自有何特色，又為何成了經典？」即：「老舍是如何走上專業創作之路的？」「著名美籍華裔學者夏志清先生為什麼在《中國現代小說史》中說，到1957年，《駱駝祥子》『也許是最好的中國現代小說』？」「為什麼本書作者將老舍的《我這一輩子》和他的另一個中篇《月牙兒》，以及沈從文的《邊城》、張愛玲的《金鎖記》並列為四部『中國從古以來最偉大的中篇小說』？」

「戰爭不僅改變人性，而且改變每個人的生命軌跡。在顛沛流離的生活中，老舍的人生和創作有什麼改變？」這還有：「趙清閣是誰？為什麼她生前要把老舍的一百多封信燒毀大半？」「應邀訪問美國的老舍為什麼逾期滯留不回？《四世同堂》為什麼是殘缺的？1949年末，為什麼許多人要寫信叫他回國？」「老舍為什麼最終要回國，他在美國的生活怎麼樣？」

「老舍有多重人格嗎？如何理解他的政治『熱情』？有多少是他真實的『熱情』？」即：「老舍真的是『歌德』派嗎？為什麼在臺灣的老友梁實秋認為他基本上是一個自由主義者，不相信他真的是『歌德』派？為什麼『大師』老舍要把自己降格為『匠人』？」

「老舍在中國文學史上究竟是一個什麼樣的位置？他的作品與同時代的『大師』比較，有什麼本質上的區別？」具體說來，這還有：「《正紅旗下》為什麼夭折？為什麼作者認為老舍的潛力一定不是只能寫出『一部《紅樓夢》』，但他放棄了自己？」「為什麼作者不同意北大教授錢理群、溫儒敏等先生撰寫的著名教材《中國現代文學三十年》裏的觀點，而認為老舍和茅盾、巴金不是同一個重量級的小說或文學大師？」「為什麼老舍的經典作品《離婚》、《駱駝祥子》、《斷魂槍》、《月牙兒》、《老字型大小》、《四世同堂》、《我這一輩子》、《正紅旗下》都要用『木樁式』結構？老舍、錢鍾書和金庸的文字都幽默，他們有什麼不同？」

「老舍挨打的過程是驚心動魄的，參與的人各是什麼表現？他為何選擇自殺來了結一生？」即：「1966 年 8 月 23 日，已經無班可上的老舍，為什麼剛從醫院出院，就急於去上班？他為什麼三次受暴打？」「老舍是自殺，還是他殺？如是自殺，為什麼他死後腹中無水？1979 年挪威漢學家艾笛來中國，對蕭乾夫婦說：『那一年，本來諾貝爾文學獎已決定頒發給中國作家老舍，但查明他確實已於八月間去世，而按照規定，諾貝爾文學獎是只頒發給仍在世的人的，所以就給了另外一個人。』『那一年』是指哪一年？」

以上的種種之「謎」，除卻史實的考辨之外，見仁見智，依我來看，如果能夠真正稱得上是「謎」的，恐怕還有不少。這可能也是說明瞭：所謂「之謎」等等，應該是一個敞開的話題，須有待討論和拓展的。

2

老舍是劇作家，《茶館》是他的巔峰之作，而話劇，我幾乎從來沒有看過，如今，這種藝術形式可能更是不大景氣，其原因除了鮮有好的作品本子之外，當年毛澤東所說的一句話讓人記憶猶新，那就是：「我是不看話劇的，因為我天天都在『演話劇』，我再看話劇就麻煩了，但是我不反對話劇。」（1962 年陳毅在廣州文藝工作會議上的傳達）早在延安時代，毛澤東更說過：「我們每天演話劇嘛，還要看你的？我們的話劇我看演得比他好。」所以，毛澤東在世時看過的話劇，可能寥寥無幾，有之，大概就是周恩來一再向他推薦過的老舍的《龍鬚溝》了。1960 年，周恩來在天津一次會議上說起話劇，又推薦了一部反映消滅血吸蟲病的話劇《枯木逢春》，他說：「主席是不看話劇的，這個話劇的確好。」毛澤東接著說：「的確好我就看，那個《龍鬚溝》我就看了呀。」（見陳晉：《文人毛澤東》）

《龍鬚溝》，應該是老舍後半生種種之「謎」的一個起點。

卻說 1949 年鼎革之際，老舍還在美國，據說當時周恩來見第一次「文代會」少了老舍、冰心兩位，頗為遺憾，於是就囑咐曹禺、陽翰笙等，並請趙清閣致信老舍，「需要老舍這樣的大作家歌唱新中國」。老舍遂啟程返國。老舍回國後，很快，他否定了先前曾許諾別人的「三不主義」（不談政治、不開會、不演講），而是身體力行所謂「三不得不主義」了。他除了創作了一部讓他獲得了「人民藝術家」稱號的名劇——《龍鬚溝》（1951 年，周恩來總理又將之推薦在中南海懷仁堂演出，毛澤東觀賞並接見了老舍），又先後寫了一些「配合」形勢的作品，如劇本《消滅病菌》、《大家評理》、《人同此心》（據《老舍全集》的說明，這是「毛澤東授意，周恩來安排」而寫的一個電影劇本。顯然，這是中南海上演《龍鬚溝》之後的事了）等。如林斤瀾所說：當時有人稱老舍是「勞動模範」，即「他緊密配合運動，主動完成任務」，以至「有人稱讚老舍先生『不避敗筆』，寫了不少不能再演的劇本、不堪再讀的文章」，到了今天，能夠被人記憶的，老舍當年創作的劇本，只有《方珍珠》、《龍鬚溝》、《春華秋實》、《西望長安》、《茶館》、《女店員》這幾部話劇了。

老舍是傳統的中國知識分子的一員，而「傳統」根深蒂固地塑造了一代又一代的中國知識分子。如彼時的老舍，有了「知己者」，有了專車，有了房子，有了團聚的家庭，有了相應的身份和地位（《說說唱唱》主編、「中國民間文藝研究會」副理事長和常務理事、北京市「文聯」主席、政務院文教委員會委員、中央人民政府文化部電影指導委員會委員、「文藝界抗美援朝宣傳委員會」委員、「中國人民保衛世界和平反對美國侵略委員會」北京分會副主席、北京盲藝人講習所顧問、北京市人民政府委員、北京市節約檢查委員會委員、中印友好協會理事、政務院華北行政委員會委員、北京市貫徹婚姻法運動委員會委員、北京市戲曲編導委員會顧問、北京市選舉委員會委員、北京市抗美援朝分會副主席、中朝友協副會長、中國人民第三屆赴朝慰問團副團長、中國作家協會副主席、作協書記處書記、北京市中蘇友好協會副會長、北京市憲法草案討論委員會委員、北京市第一屆人民代表大會代表、全國人民代表大會代表、《北京文藝》主編、中央「推廣普通話工作委員會」副主任、中國與亞非作家常設事務局聯絡委員、中國人民政治協商會議第三和四屆全國委員會委員，等等），顯然，所謂「箭在弦上，不得不發」。用蔣泥的話說：是「他改變態度、風格，取抗戰時期所選過的路，也是與昔日倡導過的『為人生而藝術』相一致，他又走到了極端，決定放棄一切，儘快適應新社會的形勢、要求，像小學生一樣從頭學起，先寫通俗文藝鼓詞、快板、歌詞、相聲，再試著經營長篇。」而在「一時拿不出新作」時，就一邊按照「行市」刪改舊作，一邊動手寫戲，因為這宜於「為人民服務」，又方便於顯示自己的政治熱忱，為此他不惜「東拚西湊」。

所有這些，當時老舍現身說法，是：「解放後，我才明白了文藝須為人民服務的道理，也就按照這個方針去進行寫作。」那麼，原則就是：「向人民學習」、「為人民服務」、「找到自己位置」，以及處理好「政治與藝術」的關係。這對他來說，並不是很難的，因為，「我生長在寒家」，等等，問題是以前「所受的教育是資產階級的教育」，比如影響所至，如「寫作是為了什麼呢？想來想去，似乎還是為了個人的名利，很難找到別的解釋。直到解放後，我才找到了正確的答案，知道了我應當為人民服務。有了這個答案，我才真正認識了自己是幹什麼的，不該再在名利圈子裏繞來繞去了。這樣，我就拼命去寫作了。只要是人民需要的，我就肯寫。」至於「政治與藝術」，他的心得是：「所謂獨立不倚的精神，在舊社會裏有一定的好處。它使我們不至於利慾薰心，去淌混水。可是它也有毛病，即孤高自賞，輕視政治。」

以上，都是「謎面」，如果說還有「謎底」，那麼，既可以說是「性格決定命運」，或者還可以說是「形勢比人強」以及他和陳寅恪之類的知識分子的區別，等等。

3

也來說說老舍的一個「謎」。

林斤瀾在〈《茶館》前後〉中說：「人說老舍不論大小運動，都積極配合，是寫作行中的緊跟快手。這話也對也不對。他主張『文武崑亂不擋』，一段曲藝，一首順口溜，一篇表態的千字文，用來『配合』各種大小運動。若寫一台話劇，那是大作品，好比小說中的大部頭。三反五反，反胡風，反右，反右傾，這些反字型大小的都是大運動，老舍（卻）沒寫過劇本。」其實，不是「沒寫過」，只是寫的不成功，沒有問世罷了。

《西望長安》是老舍寫的一部「諷刺劇」，其由來是 1955 年 7 月，老舍作為全國人大第 1 屆第 2 次會議主席團的成員，聽取了公安部部長羅瑞卿報告的「李萬銘案」，羅部長最後說：他希望「中國的果戈里」——當然是指諷刺戲劇的文藝家了，來寫這一題材的諷刺劇。於是，老舍當仁不讓，他回應羅部長的建議，並立即親赴西安，化裝成公安人員，參加了對李萬銘的提審，隨即創作了《西望長安》。這個劇本，是「主題先行」的，或者說是「三結合」的產物（即後來成為創作模式的「領導出思想，群眾出生活，作家出技巧」），至於它的藝術性如何，那是可想而知的。當時趙清閣就曾對老舍提了意見，認為它缺乏老舍特色的「幽默感」，像是一部「活報劇」，老舍則坦誠地承認它是「新活報劇」，並說：「反動分子未能寫好，因材料多，不易概括。詳細寫他，不易諷刺；顧了諷刺，而不能多寫他。況且，還給正面人物留出兩幕三場戲。」顯然，當時老舍只是在「技術」層面分析自己的不足，卻仍然自信「戲雖沒寫好，但是新嘗試，此種戲向無前例」云云。

說到老舍，又老是想起趙丹臨終前的那句諍言：「管得太具體，文藝沒希望。」林斤瀾回憶說：當年「《茶館》初演前夕，彩排時節，周恩來總理到劇院來看了排練，提了些意見。大意說這個戲是按歷史時期寫下來的，但時期的選擇不夠典型。應該是五四、二七年大革命、抗日、解放戰爭。總理威信高，有口皆碑。這樣高層的領導，自身有戲劇經歷，很難得。提個意見又是商量，不是行政命令，不是『我說了算』。這當然是很好的作風。因此可以設想，如果在寫作之中，或在排練之初聽到了這個意見，作家藝術家們會自覺自願的奔赴這個命題，圍繞這個意圖，完成這個任務。」（曹禺就是一個例子，為此他晚年也頗有悔意。）林斤瀾還說：「老舍老在配合，配合婚姻法，配合選舉代表，他是要宣傳從『莫談國事』到『參政議政』的。若照藝術家們說的寫下去，配合什麼呢？現在看來，他那不少『配合上』的戲，都不能上演了，上演也沒有觀眾了。」這是老舍的「宿命」，也是「謎」也不是「謎」了。

然而，有一則有二。後來「胡風分子」的綠原回憶說：舒蕪曾告訴過他，「1955 年初中國出現了一個《欽差大臣》式的李萬銘事件，老舍先生以這巧妙的騙局為題材，寫了一個戲本叫《西望長安》，群眾效果很好；到胡風被捕後，某領導人曾經向著名劇作家某某先生建議，何不以『胡風反革命集團』為材料，也寫個類似《西望長安》的戲本，此便教育群眾呢？據說某某先生欣然接受了這個任務，便到處尋找可以入戲的素材，大概單憑三批『材料』（即 1955 年 5 月《人民日報》分三批發表的〈關於胡風反革命集團的一些材料〉，毛澤東為其中的材料親自寫了按語，這是「胡風案」的性質發生根本變化的一個標誌，從此，胡風等人的問題正式升級為「敵我矛盾」。筆者注）是什麼戲也編不成的。——於是，某先生專程拜訪這位先覺者（即當時上交了私人信件的舒蕪。筆者注）請教。舒蕪當時是怎樣向某先生揭露底細的，某先生聽了又怎樣準備動筆的，那個戲又為什麼終於沒有問世？這些情節且留待文壇掌故家們去發掘。可惜的是，《西望長安》的姊妹篇沒有了，否則中國文禍史將會妙趣橫生，不致於顯得那麼慘烈。」（〈胡風和我〉，見《我與胡風——胡風事件三十七人回憶》）

這裏，綠原先生皮裏陽秋，由「先覺者」舒蕪的介紹為話頭，又以老舍創作《西望長安》為鋪墊，講了一段現代的「文壇掌故」，這也是一個我們現在所說的一個話題——所謂老舍之「謎」——「舒蕪當時是怎樣向某先生揭露底細的，某先生聽了又怎樣準備動筆的，那個戲又為什麼終於沒有問世？」這裏的所謂「某某先生」，不用多說，當然是指老舍。

歷史終於上演了一齣「中國的果戈里」批判「中國的別林斯基」的鬧劇，然而至今我們對它還是所知甚少，無疑，它也是一道老舍之「謎」。林斤瀾說：老舍曾是文藝界配合政治運動的快手和高手，先後寫有三十多個劇本，至於「未出籠的半成品、反覆修改的草稿，更是無從計算，不為外人所知」，它可能就包括這部「反胡風」的大作。

4

由此又可以說到老舍和胡風的關係，或者說：當年老舍「不論大小運動，都積極配合」，特別是「反字型大小的」的「大運動」，老舍當然不甘人後，這也成了如今反思老舍之「謎」的一個話題。

關於老舍此類的文章，如人所說：「僅在 50 年代，老舍就幾乎身臨其境地參加了文藝界所有的政治鬥爭：從批判俞平伯的『學術錯誤』開始，到批判胡適的資產階級唯心主義思想，再到批判胡風『反革命集團』，批判『丁、陳反黨集團』，批判章伯釗、羅隆基、徐燕蓀、吳祖光、趙少侯、劉紹棠、鄧友梅、叢維熙等人的右派言論」，其中，圍繞批判胡風、丁玲以及「右派」，老舍有如下的篇目——〈看穿了胡風的心〉（1955 年 5 月 20 日《光明日報》）、〈掃除為人民唾棄的垃圾〉（1955 年 6 月 12 日《北京日報》）、〈都來參加戰鬥吧〉（1955 年 6 月 18 日《光明日報》）、〈別光說「真沒想到」啊〉（1955 年 8 月 23 日《人民日報》）、〈個人與集體〉（1957 年 8 月 17 日《人民日報》）、〈為了團結〉（1957 年 8 月 18 日《文藝報》）、

〈吳祖光為什麼怨氣沖天〉(1957 年 8 月 20 日《人民日報》)、〈旁觀，溫情，鬥爭〉(1957 年 8 月《北京文藝》)、〈樹立新風氣〉(1957 年 9 月 29 日《文藝報》)、〈勖青年作家〉(1957 年 10 月 17 日《人民日報》)、〈鬥爭右派，檢查自己〉(1957 年 10 月《曲藝》)、〈首先作一個社會主義的人〉(1957 年 11 月《美術》)；等等。在 1957 年 9 月 11 日的《人民日報》，老舍又發表了〈答匿名信〉，這是回答來自西安的一封匿名信的，信上說：「我希你今後弄筆墨時，還是不溜尻子不捧頌好，應說些實話。難道說目前全國成千上萬的所謂右派就都不愛國愛民嗎？你深深思慮過沒有呢？」當時的老舍不可能去「深深思慮」。

在老舍寫的〈看穿了胡風的心〉這篇文章中，他稱：「我認識胡風已快二十年，應該說是老朋友了。二十年來，我總以為他的毛病不過是心地褊狹、目空一切而已。看了舒蕪先生發表的『胡風信箚』，我才知道原來胡風並不只是心地褊狹，而是別具心胸。原來他把他的小集團以外的人，特別是共產黨，都看成敵人啊！他的文章裏引證了多少馬克思、列寧和毛澤東的名言呀，可是他要用『鐵筋皮鞭』毒打黨內的作家和進步作家們，殺人不見血！這是什麼心腸呢？我猜不透！我只能說，除了受過美蔣特務訓練的人，誰會這麼想一想呢？看了那些信札以後，我才知道原來胡風並不只是目空一切，而是要鎮壓革命，去作文壇的暴君！」

二十年交往的「老朋友」啊，至此，一筆勾銷了。

此前，在抗日戰爭中的武漢和重慶，老舍和胡風曾共同在周恩來的安排和授意下，參加和組織抗戰文藝，1938 年成立的「中華全國文藝界抗敵協會」，老舍是總務股主任，胡風是研究股副主任(郁達夫主任)，後來胡風回憶說：「舉老舍這個有文壇地位、有正義感的作家當總務股主任，這是符合眾望的。——抗敵文協在整個抗戰期間一直維持著存在，成了國民黨統治下唯一繼續活動的全國性群眾文化團體，除了共產黨的領導外，和老舍的態度和地位是有關係的。」（《胡風回憶錄》）他還說：「在抗敵文協內，團結有政府感的真誠的現實主義作家老舍，抵制了國民黨任何分裂或利用的陰謀企圖。」（《我的小傳》）後來胡風在深牢之中，聽說老舍在「文革」中跳湖自殺了，心中無比慘然，他寫詩道：「贊成腐敗皆同志，反對專橫即異端。昨日葫蘆今日畫，人為奴隸狗為官。敢忘國亂家難穩，不怕唇亡齒定寒。勇破堅冰深一尺，羞眠白日上三幹。」胡風還注云：這詩是「藉以悼念整個抗戰期間，一同對國民黨作鬥爭，『文革』期間屈死了的老舍先生。」（《回春室詩文》）

「贊成腐敗皆同志，反對專橫即異端。」「勇破堅冰深一尺，羞眠白日上三干。」那是他們攜手反抗國民黨「一黨專制」的日子，而那時的老舍在抗戰後方不啻是文藝界的一位「老大」。1944 年，在重慶紀念老舍創作生活 20 年的大會上，胡風動情地說：老舍，「對於作家朋友們，無論是誰，只要不是氣質惡劣的人，他總能夠隨喜地談笑，隨喜地遊戲，但他卻保持著一定的限度；無論是誰，只要是樹有成績，沒有墮入魔道，他總能夠適當地表示尊重，但卻隱隱地在他的方寸裏面，保持著自己的權衡。不管他的權衡在客觀上是怎樣的性質，這一種態度在現在的情形下面是非常可貴的。就對於我個人說罷，友誼不能說不厚，但因為在對於文藝見解上還留有參差之處，從來沒有向我敷衍地表示過意見，這態度常常引起我的感激的心情。」

後來胡風還回憶說：當年「皖南事變」發生後，國共矛盾白熱化，他按照周恩來的安排離開重慶潛赴香港，行前曾告訴給了老舍，因為他相信老舍是靠得住的，「我相信他不是那種出賣朋友的人」。後來胡風又聽說老舍在香港淪陷後，因得不到胡風的消息，竟在與別人談話時掉了眼淚，這表明「他很珍視我對他的這種信任」。

可是，後來的一場政治颱風如何會擊碎了這些美好的友情的呢？或者說，在 1955 年「胡風案」的前後，老舍在心態上有什麼變化呢？這也是一個「謎」吧。

據林斤瀾講：1955 年批判「胡風反革命集團」之前，「老舍的心情可說一片蔚藍」，比如喜歡交遊的他經常約友人在家中小聚、賞菊。「1955 年之後，這種事少了，到了 1959 年『反右傾』，根本上就沒有了。」這，大概就是林賢治先生所說的——「胡風案」，不啻是中國知識分子的一件「精神事件」了。

到了 1966 年 2 月，胡風將被逐出北京，當時他感到莫大的沮喪和屈辱，於是，一絲沒有泯滅的舊情讓他給當年在重慶時的友人喬冠華、徐冰、陳家康、徐平羽和老舍寫信致意，不過，接下來發生的事（胡風當然是不知道了），卻讓今天所有知道內情的人寒心了，因為，那些舊友，沒有一個對胡風表示了最起碼的「老朋友」的同情心，或者，這些友人也在即將到來的更大的一場政治颱風前不知所措呢。而老舍自己，也竟沒有能夠度過這場劫波，以致他沒有機會像巴金一樣，在事後重讀自己當年批判胡風的文章，懺悔說：「我好像挨了當頭一棒，印在白紙上的黑字是永遠揩不掉的，子孫後代是我們真正的審判官，究竟對什麼錯誤我們應該負責，他們知道，他們不會原諒我們。」

假如老舍活著，他會不會也來「懺悔」呢？這，也是一道老舍之「謎」吧。

5

也有人說：「面對老舍同一時期的作品，我常有困惑之感。我不知道到底哪個才是真正的老舍，哪個才是真實的老舍。也許兩者都是？」（傅光明：《口述歷史下的老舍之死》）那麼，怎麼才是「真實的老舍」？那個矛盾、困惑，也許是人格分裂的老舍？

描寫和記錄當年文壇往事，拙眼所見，除了陳徒手的《人有病，天知否》，程紹國的《林斤瀾說》也非常難得，因為它是從當事人心底來反映「真實」的。蔣泥說：老舍，「他一般給人的印象是隨和的，善應酬，善言談。他講話有特點，不是官話，有外交辭令可也不是那種含糊其詞的、溫吞吞的話。他的話有時是過甚其詞、不留餘地的，刻薄的、甚至是不給面子的。」接著，他又引了《林斤瀾說》中的一些材料，這些材料，說明老舍在當年確有某種「兩面人」的分裂性格，即「他是一個有心機的、智慧過人、知人論世的人」，「他八面玲瓏，以『外場』和『交遊』聞名，是一個充滿矛盾的兩面人」，「這個人絕不可惡，但有時卻非常可怕。」（周作人則在自己的日記中竟將之稱為「四大無恥文人」之一）這，或者才是真正的老舍之「謎」？

至於如何來解析這一「謎」，現在有兩種看法，一為「真誠」說，一為「敷衍」說，可惜蔣泥的這本《老舍之謎》沒有涉及。其實，這也不獨老舍一人（可能也是由於不是他一人之故，會更讓人心情難過和沈重），在某種意義上說，他不過是一個「典型」而已。然而，無論從「真誠」上說，或者從「敷衍」上說，前者，「君子可以欺以方」；後者，老北京人不是體會更深麼。也是因此吧，所以，即使胡風曾遭受過老舍的文字批判，後來胡風對老舍的孩子說他唯獨沒有罵過老舍，而胡風夫人梅志回憶說：「胡風對老舍始終是尊重的、相信的，就是當時寫的什麼，胡風也沒有當回事。我們並不在意老舍當時對我們的批判，倒是聽到老舍自殺的消息，胡風吃了一驚，說，『像老舍這樣的人他們都容不下！』」

「像老舍這樣的人他們都容不下！」那麼，老舍，他是怎樣的人呢？這個老舍之「謎」，以胡風對他的深刻瞭解，胡風說：「舍予是經過了生活底甜酸苦辣的，深通人情世故的人，但他底『真』不但沒有被這些所湮沒，反而顯得更凸出，更難能而且可愛。所以他底真不是憨直，不是忘形，而是被複雜的枝葉所襯托著的果子。他底客客氣氣，談笑風生裏面，常常要跳出不知道是真話還是笑話的那一種幽默。現在大概大家都懂得那裏面正閃耀著他底對於生活的真意，但他有時卻要為國事，為公共事業，為友情傷心墮淚，這恐怕是很少為人知道的。」這是老舍的「真」。此外，還有老舍的「委曲求全」，胡風所見的主持「文協」的老舍，「是盡了他的責任的，要他賣力的時候他賣力，要他挺身而出的時候他挺身而出，要他委曲求全的時候他委曲求全……特別是為了公共的目的而委屈自己的那一種努力，就我目接過的若干事實說，只有暗暗嘆服包在謙和的言行裏面的他底捨己的胸懷。」以及老舍身上的不易發現的某種「孤獨」——胡風說：「舍予是非常歡喜交友，最能合群的人，但同時也是富於藝術家氣質，能夠孤獨的人。」這一切，最後都使「這樣的人」通向了一條不歸之路，而那又是他的最後一個「謎」——「他為何選擇自殺來了結一生？」

在中國近代以來的複雜多變的歷史環境中，面對如此巨大的社會變動和動盪，許多知識分子都養就了「外圓內方」的政治性格，這是可以理解的。然而，這些具備了這種性格的人，他們的內心分裂又是十分痛苦的，因此，人們會毋寧同情他們，把歷史之謎交給冥冥之上的神靈。

「時來天地皆同力，運去英雄不自由。」當年毛澤東對這句古詩（晚唐羅隱）情有獨鍾，而老舍，以及更多的人們，其實都是在這種歷史作用力之下，宿命地安排著自己的命運的。解析老舍之「謎」，宜於此乎？！

（此文寫罷，又得見一文，說的卻是茅盾先生。一如老舍，茅盾身上也有許多「謎」，此文說的便是其中的一樁，茲抄錄如下：

「茅盾（沈雁冰）離世後，其子韋韜整理茅盾生前留下的回憶錄，發現有兩部寫於解放後的作品手稿不知去向，最大的可能是茅盾自己將之毀棄了。親手毀掉自己創作的心血，要麼是不滿意，要麼是有什麼隱痛。說起來，這還是發生在上個世紀五六十年代的事情。1955 年，『鎮壓反革命』取得了重大勝利。公安部部長羅瑞卿遇見茅盾時，鄭重提出想請沈先生創作一個反映鎮壓反革命的電影劇本。『羅部長，我一直做文化工作，對公安方面的情況不熟悉，恐怕會耽誤你的計畫。』茅盾實話實說。『我知道你這是謙虛，不過我可盯上你了。只要你提出來，我願意提供一切方便。』羅瑞卿大有非你不行的勁頭。盛情難卻，茅盾便答應一試。很快，茅盾就興沖沖地到了上海。由周而復安排住在旅館，和上海市公安局的負責同志取得聯繫之後，開始閱讀卷宗，找人談話，搜集了不少素材，信心越來越足了。沒有多久，茅盾便拿出了劇本初稿，交給文化部電影局負責人袁牧之。對於沈雁冰的劇本，袁牧之和劇本所的幾個人一起認真研讀。比較一致的看法是，題材重大，內容豐富，寫的也好，只是劇本有些小說化，對話也多了一些。他們建議如果拍攝，需要分上、中、下三集。劇本交還茅盾後，商量來商量去地拖了一段時間，最後卻不了了之。茅盾既沒有改動，也沒有再拿出示人，彷彿沒有這回事一樣。而在 1958 年春天，身心好轉的茅盾開始醞釀、構思一部新的長篇小說，並抓緊工作之餘寫了起來。這是一部以黨對資本主義工商業進行社會主義改造為題材的作品。題材上與解放前出版的名篇《子夜》有著傳承關係，可以說是《子夜》的續篇。據說書名為《黎明》，更預示著彼此之間的聯繫。這年秋天，茅盾在和《中國青年報》編輯部的一位同志談話中，說起了他正在寫作的這部作品，並預定由中國青年出版社出版。茅盾寫了開頭，有十萬多字。就在這年的秋冬之交，茅盾停筆了。茅盾去世以後，他的兒子韋韜等人曾經不止一次地尋找過以上兩部手稿，但始終沒有結果。對於劇本的下落，趙明在 1981 年回憶道：我『遲遲不見這部作品的發表。大約一年以後，一次我去沈老師家，談到這部作品。孔德沚（茅盾夫人）同志和我說：我讀了這部原稿，我感到他（指茅盾）對大革命時代的青年較為熟悉，寫出來逼真；對現代青年他不怎麼熟悉，寫出來的還和大革命時代的青年差不多。可能就是由於這個原因吧。前年我問沈霜同志，他說這部手稿沒有找到，大概在文革中燒掉了。』另一位知情人周而復在新近出版的《往事回想錄》中寫道：『茅公自己不滿意這個劇本，乾脆把原稿撕了，一張又一張墊在他用做吐痰的杯子裏，然後倒掉，這個電影劇本一個字也沒有留下來。』說到那部已寫下十萬多字的長篇小說手稿的下落，更是少有人知曉了。只能說是在『文革』磨難之中，無話可說、無話能說的茅盾留給人們的一個難解之謎了。」）

季羨林與胡適

——此一時也彼一時也

1.「此一時也」

在以前的北京大學，已故季羨林先生與胡適校長有過一段交情。

1999 年，多年之後，季羨林先生赴臺灣訪問，曾特意去臺北中研院對面的山坡上拜謁了胡適的陵墓，據說當時他兩眼熱淚凝視著墓碑上毛子水先生題寫的碑文：「這個為學術和文化的進步、為思想和言論的自由、為民族的尊榮、為人類的幸福而苦心焦慮、敝精勞神以致身死的人，現在在這裏安息了！」向胡適的雕像敬獻了鮮花，並行了三叩大禮。此後，季先生有一篇大作——〈站在胡適之先生墓前〉發表，此後，這篇文章幾乎被收進他所有的選集和文集中，當然也對讀者產生了很大的影響。

〈站在胡適之先生墓前〉，季羨林回憶了他和胡適的種種緣由：那是 1946 年，他從德國學成回國，被陳寅恪先生推薦給了北大校長胡適、代校長傅斯年、文學院長湯用彤。此前季羨林於 1934 年從清華大學外語系畢業後，作為清華大學與德國的交換研究生赴德國哥廷根大學，在那裏他學習了梵文、巴厘文、吐火羅文，後來獲得了哲學博士的學位。大概是由於陳寅恪先生的力薦，季羨林回憶說：當時北大三位領導幾乎立即接受了「我這個三十多歲的毛頭小夥子」，進而他「公然堂而皇之地走進了北大的大門」。不久，他又「身為北大正教授兼東方語言文學系系主任」，並且「在適之先生和錫予（湯用彤）先生領導下學習和工作，度過了一段畢生難忘的歲月。」卻說當年北大錄用教師的門檻一向是很高的，據說甚至還有一個不成文的規定：拿到外國學位的留學生進校任教是只能擔任副教授，然而季羨林只當了兩個星期的副教授，然後就被提名為正教授兼東方語言文學系主任，這原因麼，大概不外是季羨林手中有「絕活」——他懂得幾種瀕死的語言，等等。也是因此，此後的季先生更加努力地學習和工作，更與名流學者相互切磋，如他看了胡適的《胡適論學近著》，知胡適與陳垣就漢譯「浮屠」與「佛」孰先孰後進行了討論，他接著也進行考證，經過反覆研究，寫成了〈浮屠與佛〉，胡適讀了大加讚賞，並鼓勵他多出成果。此外，古籍《列子》一向被認為是一部偽書，但具體情況卻從未有人進行過深入的探討，而季羨林竟完成了〈列子與佛典〉這篇論文，至於方法，不妨說也是季羨林運用了胡適「有一分證據說一分話」的學術原則，進行研究得出的一個結晶，當時季羨林還請胡適加以斧正，胡適讀了後稱道：「確鑿之至」。

這是可遇不可求的境界。季羨林晚年總結自己的一生，稱：「積八十年之經驗，我認為，一個人生在世間，如果想有所成就，必須具備三個條件：才能、勤奮、機遇。」所謂「才能」、「勤奮」，只有靠自己；至於「機遇」，卻是可遇不可求的。季羨林堪稱幸運，他說：「如果我一生還能算得上有些微成就的話，主要是靠機遇。機遇的內涵是十分複雜的，我只談其中恩師一項。韓愈說：『古之學者必有師。師者所以傳道、授業、解惑也。』根據老師這三項任務，老師對學生都是有恩的。然而，在我所知道的世界語言中，只有漢文把『恩』與『師』緊密地嵌在一起，成為一個不可分割的名詞。這只能解釋為中國人最懂得報師恩，為其他民族所望塵莫及的。我在學術研究方面的機遇，就是我一生碰到了六位對我有教導之恩或者知遇之恩的恩師。」這其中，除了曾教授過他語言學的外國恩師瓦爾德——施密特、西克等，就是陳寅恪、湯用彤和胡適了，而胡適又是「恩」中之最，季羨林說：「適之先生的許多德行，現在籠統稱之為『優點』。我認為，其中最令我欽佩，最使我感動的卻是他畢生獎掖後進。『平生不解掩人善，到處逢人說項斯。』他正是這樣一個人。」季羨林在回憶時還感慨地說：「我同適之先生，雖然學術輩分不同，社會地位懸殊，想來接觸是不會太多的。但是，實際上卻不然，我們見面的機會非常多。他那一間在『孑民堂』前東屋裏的狹窄簡陋的校長辦公室，我幾乎是常客。作為系主任，我要向校長請示彙報工作，他主編報紙上的一個學術副刊，我又是撰稿者，所以免不了也常談學術問題，最難能可貴的是他待人親切和藹，見什麼人都是笑容滿面，對教授是這樣，對職員是這樣，對學生是這樣，對工友也是這樣。從來沒見他擺當時頗為流行的名人架子、教授架子。此外，在教授會上，在北大文科研究所的導師會上，在北京圖書館的評議會上，我們也時常有見面的機會。我作為一個年輕的後輩，在他面前，決沒有什麼局促之感，經常如坐春風中。」

春風化雨、如沐春風，這是師生、師友之間最溫馨的境界了，而所謂老大學，此類的故事則不絕如縷，那是讓人緬想不盡的。

2.「彼一時也」

「如坐春風」，這是一個多麼美妙的感覺。然而，一旦到了時局甚至不能安放一張平靜的書桌的時候，先前駘蕩的春風則迅速散盡。

在季先生的記憶裏，有這樣一幅離別的場面，那是他在臺北胡適陵墓前的回憶：

斯人「雖已長眠地下，但是他那典型的『我的朋友』式的笑容，仍宛然在目。可我最後一次見到這個笑容，卻已是五十年前的事了。1948 年 12 月中旬，是北京大學建校五十周年的紀念日。此時，解放軍已經包圍了北平城，然而城內人心並不惶惶。北大同仁和學生也並不惶惶，而且，不但不惶惶，在人們的內心中，有的非常殷切，有的還有點狐疑，都在期望著迎接解放軍。適逢北大校慶大喜的日子，許多教授都滿面春風，聚集在沙灘『孑民堂』中，舉行慶典。記得作為校長的適之先生，作了簡短的講話，滿面含笑，只有喜慶的內容，沒有愁苦的調子。正在這個時候，城外忽然響起了隆隆的炮聲。大家相互開玩笑說：『解放軍給北大放禮炮哩！』簡短的儀式完畢後，適之先生就辭別了大家，登上飛機，飛往南京去了。我忽然想到了李後主的幾句詞：『最是倉皇辭廟日，教坊猶唱別離歌，垂淚對宮娥。』我想改寫一下，描繪當時適之先生的情景：『最是倉皇辭校日，城外禮炮聲隆隆，含笑辭友朋。』」

這裏，似乎季先生沒有能回憶起自己在這幅畫面中的表情和心情，而在當年北大學生羅榮渠的日記裏，卻是這樣幾句「擲地作金石響」的聲音——「季羨林說：『胡適臨陣脫逃，應該明正典刑。』」（〈北大歲月〉，《羅榮渠文集》之四，商務印書館 2006 年版）

原來，此時的胡適和季羨林等等，已經不是一條道上的人了。那是「形勢比人強」，不能再光看「恩師」不「恩師」的時日了。

曾經在很多人的眼中，當時胡適的政治思想是「過了河的卒子」——冥頑不靈的。於是又「一池漣漪」，連帶到了他的學問，比如當時胡適的「科研項目」是「《水經注》版本研究」，羅榮渠在日記中嘲笑道：「聽胡博士講歷史研究法一課，他以《水經注》為例，大談特談。胡氏花了五年時光研究這部書，儘管他把這個研究說得如何『了不得』，神氣十足，但在我看來也不過是那麼回事——自吹講學法螺而已。」而當時胡適校長也和現在許多國內的大學校長一樣，動輒要把自己的大學搞成「世界一流」，當年許多人準備看胡適的笑話，如羅榮渠在日記中說：「胡校長說要在十年內把北大辦成世界第一流大學，據向（達）先生看，如作風不改，則五十年也不會辦到。」有的人雖並不看好胡適的作為，但作為學者，倒是取惺惺相惜的「同情之理解」，如季羨林後來評價胡適，認為「他一生處在一個矛盾中，一個怪圈中：一方面是學術研究，一方面是政治活動和社會活動。他一生忙忙碌碌，倥傯奔波，作為一個『過河卒子』，勇往直前。我不知道，他自己是否意識到身陷怪圈。當局者迷，旁觀者清，我認為，這個怪圈確實存在，而且十分嚴重。那麼，我對這個問題有什麼看法呢？我覺得，不管適之先生自己如何定位，他一生畢竟是一個書生，說不好聽一點，就是一個書呆子。也舉一件小事：有一次，在北京圖書館開評議會，會議開始時，適之先生匆匆趕到，首先聲明，還有一個重要會議，他要早退席，會議開著開著就走了題，有人忽然談到《水經注》。一聽到《水經注》，適之先生立即精神抖擻，眉飛色舞，口若懸河。一直到散會，他也沒有退席，而且興致極高，大有挑燈夜戰之勢。從這樣一個小例子中不也可以小中見大嗎？」

一面是「應該明正典刑」，一面是「畢竟是書生」，這就是時代夾縫中胡適這種人的尷尬，也是季羨林此類學者審視其人的眼光，而後者的「畢竟是書生」，從胡適到周一良，包括季羨林，未名湖畔的北大學者可謂多矣。不是麼？如周一良先生，季羨林在回憶中稱：「適之先生對青年人一向鼓勵提挈。四〇年代，他在美國哈佛大學遇到當時還是青年的學者周一良和楊聯陞等，對他們的天才和成就大為讚賞。後來周一良回到中國，傾向進步，參加革命，其結果是眾所周知的。楊聯陞留在美國，在二三十年的長時間內，同適之先生通信論學，互相唱和。在學術成就上也是碩果累累，名揚海外。周的天才與功力，只能說是高於楊，雖然在學術上也有所表現，但是，格於形勢，不免令人有未盡其才之感。看了二人的遭遇，難道我們能無動於衷嗎？」這是季羨林晚年的看法了，揆以當年情景，他大概是不會做此想的了。

3.「曾經滄海難為水」

所謂「此一時也彼一時也」，有沒有超越時間的東西呢？

就說胡適吧，後來「站在胡適之先生墓前」的季羨林說：「在政治方面，眾所周知，適之先生是不贊成共產主義的。但是，我們不應記憶，他同樣也反對三民主義。我認為，在他的心目中，世界上最好的政治就是美國政治，世界上最民主的國家就是美國。這同他的個人經歷和哲學信念有關。他們實驗主義者不主張什麼『終極真理』。而世界上所有的『主義』都與『終極真理』相似，因此他反對。他同共產黨並沒有任何深仇大恨。他自己說，他一輩子沒有寫過批判共產主義的文章，而反對國民黨的文章則是寫過的。我可以講兩件我親眼看到的小事。解放前夕，北平學生動不動就示威遊行，比如『沈崇事件』、反飢餓反迫害等等，背後都有中共地下黨在指揮發動，這一點是人所共知的，適之先生焉能不知！但是，每次北平國民黨的憲兵和員警逮捕了學生，他都乘坐他那輛當時北平還極少見的汽車，奔走於各大衙門之間，逼迫國民黨民局非釋放學生不行。他還親筆給南京駐北平的要人寫信，為了同樣的目的，據說這些信至今猶存。我個人覺得，這已經不能算是小事了。另外一件事是，有一天我到校長辦公室去見適之先生。一個學生走進來對他說：昨夜延安廣播電臺曾對他專線廣播，希望他不要走，北平解放後，將任命他為北大校長兼北京圖書館的館長。他聽了以後，含笑對那個學生說：『人家信任我嗎？』談話到此為止。這個學生的身份他不能不明白。但他不但沒有拍案而起，怒髮衝冠，態度依然親切和藹。小中見大，這些小事都是能夠發人深思的。」這就是永遠的胡適先生了。

當年羅榮渠也在日記中記述了學潮中的北大，如「聽說昨天陳雪屏攜了五百人的黑名單去見胡適，要他們投案，胡適不答應。陳說胡最好去南京避一下，他們好下手抓人，胡適也不答應。」不僅保護學生，還特別愛護學者。當時國民黨政權行將垮臺，物價瘋漲，民不聊生，大學教授也深受其害，如在冰天雪地之際，一身傲骨的陳寅恪先生竟無錢購買全家取暖所需的煤炭，季羨林將情況告訴給胡適，胡適當即送去美元，陳寅恪卻不願無功受祿，願以自己的藏書來換錢，胡適只好將自己的小車交給季羨林，要他幫著去運書——。此情此景，想來是晚年的季羨林時常縈繞在腦際的了。

也是在〈站在胡適之先生墓前〉這篇文章中，季羨林說：「我同適之先生在『孑民堂』慶祝會上分別，從此雲天渺茫，天各一方，再沒有能見面，也沒有能互通音信。」二人被一水相隔，終至無緣相見。然而，胡適對季羨林以及他的學術研究一直都在關注之中，他經常對中研院的人說：「做學問，應該像北京大學的季羨林那樣。」季羨林呢？到了他的晚年，他開始反省，進而臻至「覺今是而昨非」的境界。

自從認為胡適應該「明正典刑」之後，他說：「我同絕大多數的中老年知識分子和教師一樣，懷著絕對虔誠的心情，嚮往光明，嚮往進步。覺得自己真正站起來了，大有飄飄然羽化而登仙之感，有點忘乎所以了。我從一個最初喊什麼人萬歲都有點忸怩的低級水平，一踏上『革命』之路，便步步登高，飛馳前進；再加上天縱睿智，虔誠無垠，全心全意，投入造神運動中。常言道：『眾人拾柴火焰高。』大家群策群力，造出了神，又自己膜拜，完全自覺自願，決無半點勉強。對自己則認真進步思想改造。原來以為自己這個知識分子，雖有缺點，並無罪惡；但是，經不住社會上根紅苗壯階層的人士天天時時在你耳邊聒噪：『你們知識分子身軀髒，思想臭！』西方人說：『謊言說上一千遍就成為真理。』此話就應在我們身上，積久而成為一種『原罪』感，怎樣改造也沒有用，只有心甘情願地居於『老九』的地位，改造，再改造，直改造得懵懵懂懂，『兩涘渚崖之間，不辨牛馬。』然而涅槃難望，苦海無邊，而自己卻仍然是膜拜不息。通過無數次的運動一直到十年浩劫自己被關進牛棚被打得一佛出世二佛升天，皮開肉綻，仍然不停地膜拜，其精誠之心真可以驚天地泣鬼神。改革開放以後，自己腦袋裏才裂開了一點縫，『覺今是而昨非』，然而自己已快到耄耋之年，垂垂老矣，離魯迅在〈過客〉一文講到的長滿了百合花的地方不太遠了。」

當年的季羨林說：「胡適臨陣脫逃，應該明正典刑！」後來的季羨林說：胡適「雖已長眠地下，但是他那典型的『我的朋友』式的笑容，仍宛然在目。」這就是歷史的滄桑。自感「垂垂老矣」的季羨林先生還說：他是「離魯迅在〈過客〉一文講到的長滿了百合花的地方不太遠了」。那是一個什麼地方呢？「墳」？抑或「過客」仍然奔走不息的「未知之地」？

史地學家張其昀的前前後後

引言：

《同舟共進》2009 年第 10 期分別發表了楊天石先生的〈國民黨為何選擇臺灣〉以及劉統先生的〈共產黨「趕考」與國民黨的「搬家」〉，兩篇文章的主題都是追述六十年前國民黨潰敗大陸和遷往臺灣的舊事，至於國民黨為什麼選擇臺灣作為其棲息地，楊天石先生從蔣介石和臺灣的因緣、臺灣的戰略地位（所謂「單純環境」、大陸盡失只好命懸孤島等）諸角度加以論述，可惜沒有一字提及首倡者的蔣介石幕僚張其昀，劉統先生倒是言及張其昀建議之功（1948 年 10 月在國民黨中樞秘密會議討論遷徙方向時提出建議，其理由是臺灣海峽可以形成天然防線和屏障，臺灣物產和日據時代的建設可以構成國民黨「小朝廷」的物質憑藉和依賴，等等），並謂「他的分析很合蔣介石的心意，一個重大決策在蔣介石的心中醞釀」，隨後遂有大陸「國民政府」和國民黨的遷台之舉，只是文章重心並不在此，也就點到為止了。其實，張其昀與國民黨遷台方案和行動大有關聯，這一話題此前很少被人議及，近來隨著相關史料的不斷湧出，才提供給了我們重新認知的機緣。

1

張其昀其人：張其昀（字曉峰）是著名史地學家、教育家，他是蔣介石的同鄉（寧波人），進入蔣介石幕府之前，他還是一位純粹的學人。

張其昀 1900 年出生，他是「五四」一代的中國知識分子。1919 年，張其昀畢業於寧波省立第四中學，在「五四」運動期間，他曾代表寧波的學生會趕赴上海出席全國學生聯合會，並被選為浙江省代表之一。1923 年，張其昀在南京高等師範學校畢業後，進入上海商務印書館服務，從事高中和初中地理教科書的編輯工作。1927 年，他在南京中央大學任教，前後有十年之久。1936 年，同鄉兼弟子的張其昀受初任浙江大學校長的竺可楨聘請，轉任浙江大學新設的地學系（後為史地學系）主任，嗣後又兼任史地教育研究室主任（此後又曾任文學院院長），從此張其昀襄助竺可楨在浙大辦學，在他們共同的教育理念支配和艱苦卓絕的努力之下，這所原本是地方性的大學在抗戰之中一躍而為國際知名的綜合性大學，並與當時的「西南聯大」齊名。值得一說的是，張其昀在浙江大學史地系任職十四年，曾多方羅致專家來系執教，並大量購置圖書設備，敦飭學風，造就了眾多傑出人才，如史地研究所地學組歷屆畢業生中後來成為中國科學院院士的就有五人之多。

1943 年，張其昀應邀赴美國哈佛大學研究及講學。1945 年抗戰勝利後返國，任浙江大學文學院院長。1947 年，他被選為「國大」代表。1949 年，在滄桑鼎革之際，張其昀與竺可楨分道揚鑣，他們有了不同的歸宿，張其昀取道廣州轉赴臺灣，此後歷任「中國國民黨總裁辦公室」秘書組主任、「革命實踐研究院」院務委員、「中央改造委員會」委員兼秘書長、「國防研究院」主任等職，成為蔣氏父子的股肱之臣。張其昀還曾被稱為是臺灣的「文化之父」和「教育之父」，又因經其手完善了臺灣的高等教育體系而被臺灣學界譽稱為「博士之父」，他 1954 年出任臺灣的「教育部」部長，先後主持建立了「南海學園」，恢復了「中央圖書館」，並設立了「國立歷史博物館」、「科學館」、「藝術館」、「教育資料館」，此外又創辦了「中國文化研究所」、「國立藝術專科學校」等。1958 年他卸任後，又於 1963 年創辦了「中國文化學院」（設於陽明山華岡，1980 年獲准改稱為「中國文化大學」）。張其昀晚年尤致力於教育文化事業，可謂不遺餘力。1985 年張其昀在臺灣逝世。

2

著名的史地學家：作為一代著名的史地學家，張其昀繼承了傳統中國學術歷史學與地理學彼此不分家的學脈，並將之發展到一個新的高度。

張其昀早年讀書南京高等師範學校，後又在南京中央大學地理系執教，受學風薰陶，師長劉伯明（名經庶，以字行）、柳詒徵（字翼謀）、竺可楨（字藕舫）、胡煥庸等對其尤其影響最大，在接受系統史學訓練的同時，他更屬意於地理學，所謂博覽古籍，研究科學，以追蹤顧炎武之史學與顧祖禹之地理學，師生以此相勖勉，而張其昀可謂得益最多，他飽讀了黃梨洲的《明儒學案》、顧亭林的《日知錄》、顧景範的《讀史方輿紀要》等，以及眾多歐美地理著作，張其昀還翻譯了《法國地文一覽》（由竺可楨校對，成書時改為《人生地理學》），又閱讀了法國人地學家白呂納（Jean Brunne）的英文譯本《Human Geography》（後來囑其學生任美鍔與李旭旦譯成《人地學原理》)，張其昀還將美國政治地理學家 I‧Bowman 所著《The New World》譯成《戰後新世界》，並根據此書撰成《新地學》一書。張其昀大學畢業後在上海商務印書館編輯初中和高中的地理教科書，更得到了相關的訓練和提高，當時他編纂的《高中中國地理》是當時全國高中標準地理課本。此後執教之餘，他又多次赴東北和西北、浙江等地考察地理，「讀萬卷書，行萬里路」，這對他並不是一句虛言。1933 年，張其昀還與友人合辦南京「鍾山書局」，主編《國風》半月刊、《方志》月刊等，有了更多的實踐。這一時期，他還先後發表和刊行了《中國民族志》、《中國經濟地理》、《浙江史地紀要》、《戰後新世界》、《人生地理學》等，並在《史地學報》、《地理學報》等主撰論文等。

由於突出的成績，張其昀 1935 年被選入中央研究院第一屆評議會，當時他是其中最年輕的學者。其時，張其昀針對傳統地理學研究中長期忽視的問題和研究的弱點，總結出了研究地理學的四條新途徑：(1) 從通論到方志，即首先探討自然現象的發生、發展規律，再進行區域研究，使地理學成為「有本之學」；(2) 從領空到領陸，即強調對領空、領海的研究；(3) 從國家到國際，即強調用世界的眼光研究中國地理，用中國的眼光研究世界地理，由此又提出了對於全球地理的研究；(4) 從知往到察來，即指出地理研究應發揮它的預測功能，為國民經濟建設服務，並認為這是學術研究的「最高境界」。顯然，這是傳統地理學的升級，由此帶動了整個研究內容的更新和方法的改進，產生了很大的影響，當時中國的地學研究也在竺可楨、丁文江、翁文灝、李四光和張其昀等的努力之下面目一新。此前的 1934 年，竺可楨還相約丁文江、翁文灝、胡煥庸、張其昀、黃國璋等在南京發起成立了「中國地理學會」，創辦了《地理學報》，這標誌著中國近代地理學的新生。

1936 年，張其昀任浙江大學地學系主任兼史地研究所所長、史地教育研究室主任。此後，浙大史、地兩系合併為一系，稱為史地系，這在當時國內的大學堪稱獨樹一幟，而這又與張其昀史地結合的學術思想有關，所謂史地分組合系，既是融貫史、地的新學風，又體現了專與博、專才教育與通才教育相結合和相統一的教育理想，所謂「綜合是我們的目的，分工是我們的方法」，而史地合系無疑對促進中國近代人文地理及歷史地理的發展有著十分重要的意義。在抗戰中，浙大西遷貴州遵義，同人創辦了《思想與時代》雜誌，這一雜誌是浙大辦學理念的一個視窗，特別是主持人張其昀與梅光迪、張蔭麟、錢穆等在科學時代共同提倡人文主義，影響很大，吸引了後方眾多學者投稿，成為抗戰時中國學術界的一個重鎮。此外，在張其昀的主持下，浙大史地系師生用 7 年時間完成了了《遵義新志》的編纂，而參與編寫的眾多師生後來幾乎都成為歷史或地理以及其他學科領域的開創者或專家，可謂是專家修志的典範。《鳳鳴華岡——張其昀傳》（王永太著，浙江人民出版社 2006 年版）一書稱：「中國遙感學、自然地理學、海洋學、冰川學等學科的創建者與權威者，多出於他（傳主）主持的浙江大學史地系。」在史地系處於巔峰時，可謂集天下優秀人才於一地——史學家如有「梁任公第二」的張蔭麟、陳垣公子的陳樂素、後為新中國科學院院士的譚其驤以及向達、方豪、顧谷宜、李源澄、陶元珍等，錢穆先生也一度是「訪問學者」；地學家則有葉良輔、黃秉維、任美鍔、沙學浚、李春芬、嚴欽尚、嚴德一、李海晨、劉之遠、趙松喬等，而後來的「兩院」院士，浙大史地系出身的師生赫然榜上有名者為譚其驤、涂長望、黃秉維、任美鍔、陳述彭、葉篤正、施雅風、謝義炳、陳吉餘、毛漢禮等，可謂壯觀。

作為史地學家，張其昀的史學代表作有《中華五千年史》、《中國軍事史略》、《中國民族志》、《近八十年中國革命史》（即《黨史概要》)、《中國國民黨史簡編》、《臺灣史綱》(即《中國民國史綱》)、《中華民國創立史》、《國史上的偉大人物》等;至於地學,則有《中國經濟地理》、《中國地理學研究》、《中國區域志》、《高中中國地理》、《人生地理》(初中地理教材)、《浙江省史地紀要》等,他還主持編纂了《中華民國地理志》、《中華民國地圖集》等大型書籍,在張其昀全部著作 2045 種之中,有關地理學的則有 350 種,可以這樣說:張其昀是繼張相文、竺可楨之後近代中國地理學發展史上十分突出的一位學者,而他的學術思想淵源既來自傳統,又來自現代,如法國學者白呂納就對他影響很深,白氏謂:「二十世紀學術上最大的貢獻,是史學精神與地學精神的綜合。」張其昀則認為:「蓋一為時間演變原則,一為空間的分佈原則,兩者相合,方足以明時空之真諦,識造化之本原。」(《國立浙江大學史地系成立二十五週年紀念集・序》)他還說:「時不離空,空不離時,史地之學,一以知古,一以知今,互為經緯,相輔相成,可稱為雙軌。」以及「時間與空間,錯綜變化,流轉無窮,人地學家之注意點集中於斯。一面應用地理科學的研究法。一面應用考證的史學研究法。一方以世界的眼光,觀察局部,一方以過去的事實,解釋現在。」張其昀是中國人地關係學、人文地理、區域地理、歷史地理、政治地理、國防地理、旅遊地理等的開拓者之一。

所謂「政治地理學」(又可稱為「國家地略學」、「國勢學」等),是張其昀一生研究的重點,也是他後來涉足現實政治的誘因之一。早在 1932 年 11 月,張其昀已經是新成立的「國防設計委員會」(後為「資源委員會」)的成員,這一由錢昌照和翁文灝主持的學者參政的團體,還收羅了胡適、丁文江、楊振聲、吳鼎昌、張嘉璈、陶孟和、范銳、吳蘊初、劉鴻生、萬國鼎、沈宗瀚、王世杰、周覽、徐淑希等。張其昀認為:中國的現勢可分為五個方面來加以探討,即國魂、國史、國土、國力和國防。所謂國魂,不言而喻,是指傳統儒家學說和國民黨「三民主義」的結合（後來他又試圖創立「全神教」，實際就是儒學的宗教化）；國史，是指中國文化的淵源；國土，是指中國在世界上的地略地位；國力，是指經濟建設；國防，則是一國防禦之略。在張其昀全部地理學的論著中，所謂「政治地理」方面的文章多達半數之上，這也足見其「學以致用」的用心，其中，有的論文專注於抗擊日寇和收復失地，以及國防教育、行政區劃的改革、首都和省會的區位選擇、產業佈局等，當然也有對臺灣的關注；此外，他還將西方政治地理學的著作引入中國，如其介紹「麥欽德學說與中國之邊疆」、「馬漢之海權論」及「潘興的傳統」等。至於這一方面的其扛鼎之作，則是張其昀赴台之後《政治地理學》一書的撰寫和出版。

3

蔣介石的文士——浙江同鄉的陳布雷和張其昀：抗戰時期，張其昀經同鄉陳布雷的引薦，結識了蔣介石。陳布雷自殺之後，蔣介石身邊的空白也是由張其昀來填補的。

1941 年 3 月，後方的張其昀邀約浙大和校外著名學者和教授創辦《思想與時代》月刊社，值得一提的是，這一刊物直接得到了蔣介石、陳布雷等的關注和支援。（事見竺可楨同年 3 月 17 日日記：「布雷與曉峰昨在委員長宅晚膳，委員長允撥五萬元為辦雜誌之用，名為《時代與精神》（即《思想與時代》）。」）

《思想與時代》月刊社，這一社團的基本社員有錢穆、賀麟、朱光潛、郭斌龢、張蔭麟（張死後由謝幼偉增補）等，張其昀兼任總幹事（張其昀撰寫有《中國之陸權與海權》、《國防中心論》及《再論建都》等多篇）。對於《思想與時代》，蔣介石高度看重，蔣曾於

1941 年 6 月曾來電，不僅照准刊行，還答應其「所需研究及出版經費」可以保障（初期每月 7500 元），社務則囑由張其昀負責主持，並囑隨時可與陳布雷聯繫。此後，陳布雷許從蔣介石侍從室的公費股中撥發刊物所需的經費（每月編輯研究雜費 2000 元、稿費 1500 元、出版費 2500 元，以及刊物與史地學部合作研究事業費 1500 元）。1946 年起，《思想與時代》月刊社改組為出版社，所需印刷費等也依需供應。至於刊物宗旨，在「社約」中規定，是「根據三民主義，研究討論與建國有關之學術思想」，「以探討時代思潮和民族復興之關係及溝通中西文化為宗旨」，並計畫編纂中國通史和國史長篇等叢書。該刊前後共計出版五十三期，《思想與時代叢刊》五種，在當時對全國有較大影響，重慶和桂林設有總代售處。

《思想與時代》在抗戰後期應運而生，顯然，在民族艱苦抗爭的時刻，文化思想領域的「保守主義派」自覺擔任了捍衛「傳統不至於斷絕」的使命，他們發宏願：一定要使「民族文化有得以繼往開來的可能」。這一大批活躍在戰時後方的學者們，跡追曾被視為是「文化保守主義」堡壘的《學衡》、《國風》，以《思想與時代》為基地，實際上把「五四」時的「學衡派」、「後五四」時以南京高等師範學校（後為東南大學、中央大學等）為軸心的「東南學派」完全轉移到了西遷至貴州遵義的浙江大學，以及這本辦刊長達 8 年之久的《思想與時代》——它架構東西方文化，即「通過對西方以古希臘文化為代表的傳統文化的重新闡釋解讀，通過在中西文化傳統之間的對話交流，來探尋當代文化建構的人文理性之路」，以此來為「以儒家思想文化傳統為代表的主流知識分子文化尋找一個合理有效的現代轉型方案」。可以想見，這也為其思想的對立面所嚴厲地譏評。

1943 年 10 月 12 日，胡適在美國寫日記說：「這幾天讀張其昀君借給我看的《思想與時代》月刊，是在貴陽印行的。這是張君主編的，錢是蔣介石先生撥助的，其中主重人物為張其昀、錢穆、馮友蘭、賀麟、張蔭麟。他們沒有『發刊詞』，但每期有啟事，『歡迎下列各類文字：1、建國時期主義與國策之理論研究。2、我國固有文化與民族理想根本精神之探討。3－6、（從略）』。這兩條就是他們的宗旨了。此中很少好文字。如第一期竺可楨兄的《科學之方法與精神》，真是絕無僅有的了。（張蔭麟的幾篇『宋史』文字很好。不幸他去年死了。）張其昀與錢穆二君均為從未出國門的苦學者，馮友蘭雖曾出國門，而實無所見。他們的見解多帶有反動意味，保守的趨勢甚明，而擁護集權的態度亦頗明顯。」（《胡適日記全編》，安徽教育出版社 2001 年版，第七冊，第 539－540 頁）當時在「西南聯大」讀書的殷海光也曾評價錢穆等學者：「他們全然是一群在朦朧的斜陽古道上漫步的人。他們的結論是輕而易舉的從廟堂裏或名人言論裏搬出來的，他們的古典是不敢（也從未曾）和佛洛伊德、達爾文碰頭的。……他們基本的心態上是退縮的，鎖閉的，僵固的，排他的。我和他們是……判然有別的。」可見，一方面是《思想與時代》等宣稱要讓「傳統不至於斷絕」，另一方面也有人警惕著隨著民族主義的抬頭包裹在「文化保守主義」外衣下的思想界新動向，即一般來說民族主義的伴生物往往就是「文化保守主義」的抬頭，這是思想文化運動的規律。因此，當時馮友蘭的「新理學」、賀麟的「新心學」、熊十力的「新唯識論」以及錢穆、張君勱、張東蓀等的學說（其中，熊十力以及其弟子牟宗三、謝幼偉等，錢穆、馬一浮等，他們都曾在浙江大學任教；馮友蘭、賀麟、朱光潛等又都是《思想與時代》的主要撰稿人），都被其反對者批判為或者是宣揚「超然於是非人我之外的道家思想」、舶來品的「新黑格爾主義神秘主義」，抑或對傳統政治和文化大加讚揚，借此固守傳統「本位」和反對「西化」，與「五四」精神以西方普適的現代性置換民族傳統中落後意識形態的思想觀念相衝突。當然，從今天來看，這兩造的雙方，可以不妨是一種互補的關係了，而前者，如《鳳鳴華岡——張其昀傳》一書中所稱：「抗日戰爭時期，張其昀實際是新儒學研究的幕後組織者和核心。」至於戰後的中國歷史大動盪、大分化和大改組的時期，也正是歷史的演進大踏步進入中國革命凱歌高奏的年代，浙江大學也在不斷的學潮中成為一座令人刮目相看的「東南民主堡壘」，而彼時的所謂「文化保守主義」早已不合時宜，於是隨同傳統「本位」一起花果飄零，以迄此後海外「新儒家」的興起，方得重展雄風。（值得一提的是：滄桑鼎革之後，部分浙大學人離開大陸，此後又相繼隨同張其昀參與或創辦了香港的「新亞書院」和臺北的「中國文化大學」等，《思想與時代》也得以復刊。）

顯然，張其昀在抗戰中奮力參政的跡象得到了國民黨高層的高度認同，於是他才可能於 1943 年赴美國哈佛大學研究和講學。（1943 年 2 月，美國國務院文化交流處約請中國著名的六所大學各遴選教授一人赴美訪問講學，其中有昆明西南聯合大學金嶽霖等，張其昀代表浙大赴行）兩年後，張其昀回國，並先後當選為第二、三、四屆「國民參議會」的參議員（此前陪都重慶成立「國民參政會」，浙大被遴選為國民參政員的有文學院院長梅光迪和張其昀），以及「三青團」第一、二屆中央幹事及常務幹事，「制憲」「國民大會」代表，「考試院」考試委員，1947 年又當選為「國大」代表等。張其昀的後半生，可謂緊密追隨蔣介石，並且屢屢出任要職，成為蔣氏身邊的「紅人」之一，張其昀自己也說：「蔣公為余之恩師，公之晚年，余得親炙者二十五年之久，經常可接光顏，隨時得聞明教。」（《張其昀文集》第 21 冊〈吳經熊《總統蔣公精神生活》序〉）至於蔣介石所以會相中張其昀，除了同鄉關係、陳布雷之死形成的空缺，更主要的還是因為張其昀的思想和他的才華。張其昀曾撰寫過《中國歷代教育家史略》一書，此書深得蔣氏的賞識，以致親簽書眉，同時還要張其昀繼續編纂《中國歷代軍事史略》。1949

年夏，應蔣介石的邀請，張其昀離開浙大和大陸，赴臺灣出任國民黨「總裁辦公室」秘書組組長，這實際就是取代了已死的陳布雷，他成為蔣氏「小朝廷」中「官邸派」的重要代表人物之一。此後，張其昀又相繼擔任國民黨「中央黨部」宣傳部長、「中央改造委員會」秘書長、「行政院」政務委員、「教育部」部長、「總統府」資政等，他還是國民黨第八屆至第十一屆的中央常務委員。在蔣介石生前，張其昀還「榮幸」經常隨其出訪，可謂隆遇有身，並於 1984 年主編出版了《先總統蔣公全集》。

4

竺可楨和張其昀——老鄉和師生：1936 年 3 月，當竺可楨受邀擔任因學潮紛擾的浙江大學校長時，所謂勉以從命，他答應陳布雷自己只「允赴浙大半年，在此半年期內物色繼任人物」，隨即「邀曉峰（張其昀）赴浙講學」，這是因為張其昀不僅是自己信任的弟子，也因此前「浙大無地理教授與無歷史教授，故對於史地非增人不可」。(竺可楨同年 3 月 9 日日記)張其昀答應所請，赴浙大任教。

也是因為是同鄉的關係，再加上陳布雷等的推薦，特別是《思想與時代》的刊行，以及 1944 年張其昀《中華歷代大教育家史略》的問世，蔣介石也開始關注起張其昀。（竺可楨 1941 年 10 月 19 日日記：「曉峰出布雷、錢賓四函相示，知布雷對於《思想與時代》每文必讀，且對於曉峰著〈中國古代教育家〉一文已集專刊，由委員長為之印行簽署矣。」又，12 月 13 日日記：張其昀「自重慶回」，「渠曾晤委員長，託以作軍事上中國歷史偉大人物之言論集」。1943 年 1 月 23 日：「知去年政府之所以忽然褒揚梁任公，乃因張曉峰之文提及任公對青年之影響未被政府所重視，接著張蔭麟又在《思想與時代》上著一文，均為委員長所見而有褒揚之議。」）1945 年 2 月 21 日，竺可楨赴重慶參加「知識青年從軍指導委員會」會議，晚上，蔣介石設晚宴，蔣介石為了顯示他對教育家的尊重，令竺可楨坐在其左邊，張伯苓坐在其右邊，竺可楨在日記中寫道：席間「渠對於曉峰甚關心，每次必問」。蔣介石對張其昀表現出特殊的關心，張其昀則投桃報李，也相應表示了自己的忠誠。竺可楨在這年 8 月 20 日的日記中記道：「接曉峰上月二十函，知布雷必欲其赴侍從室整理蔣主席之傳記。此是出力不討好之事。因為中國做傳記最為困難，以完全不批評其為人，否則其子孫親戚必醜詆之，甚至於生命不保。其優點則必讚美至十二分以上，不啻諛墓辭。曉峰初自美回國而使作此等工作，實在可為浪費人才矣。因渠可以專門著作作終身事業，而不必為偉人傳記為終身事業也。」陳布雷強邀張其昀為蔣介石作傳，而竺可楨認為這是對張其昀的一種「浪費」，不過張其昀卻未必這麼看，他晚年一項重量級的工作，就是主持編輯出版了《先總統蔣公全集》（臺北中國文化大學出版部 1984 年版），由此也可以看出竺可楨與張其昀之間的微妙不同了。

竺可楨與張其昀的不同，首先是學者與政治的關係。對於竺可楨而言，「不問政治」對他來講是非常自覺的。然而在抗戰期間，借著民族抗爭的氛圍，國民黨要求全國各高校校長等皆須加入國民黨，張其昀此時不僅已加入國民黨，並且負有在學校開展組織的使命。（1939 年 11 月 8 日竺可楨日記：「接教育部密函，囑曉峰等組織浙江大學區黨部。」）不過，張其昀畢竟還是一位學者，他與國民黨的關係也有一個逐漸發展的過程。1940 年 10 月 9 日，張其昀來見竺可楨，「以陳布雷再電促其就政治部及三民主義青年團書記張文白（治中）之宣傳部事。渠已辭，囑余為覆一電去。」此後浙大訓導長一職闕如，按例此職須由國民黨人士擔任，於是張其昀成為最佳人選，竺校長也屬意於彼，但「曉峰不願就訓導事，謂一則體力不勝，二則前已電陳布雷卻政治部張治中聘，故不願為行政上事」。但最後還是由張其昀擔任了浙大訓導長。1938年5月30日，張其昀和陳訓慈（陳布雷弟弟）持陳布雷信函造訪竺可楨，竺在日記中說：他們「以布雷函相示，囑余入國民黨，因上月代表大會後，黨中有改組之意，其中有一辦法，即拉攏教育界中人入黨。余謂國民黨之弊在於當政以後，黨員權利多而義務少，因此趨之者若鶩，近來與人民全不接近，腐化即由於此，拉攏若干人入黨，殊不足改此弊」。後來有人持「入黨書」要竺可楨填寫，竺可楨在日記中說：「余告以已經蔡（元培）先生函（陳）立夫調余回院（氣象研究院），至於入黨一中容考慮之，但以作大學校長即須入黨實非辦法也。」（1939年3月8日）雖經種種推辭，竺可楨最後沒有辦法，還是「被」請進了國民黨。1943年4月，竺可楨又「填〈入三民主義青年團志願書〉」，他不由感慨說：「以53歲之人而入青年團，使人有老少年之感。蓋余初未入黨，青年團乃預備黨員。既經被選為監察，自亦不能不為團之一員。」（4月16日日記）1944年7月13日，竺可楨被迫寄發了自己的「入國民黨申請書」，他說：「余對國民黨並不反對，但對於入黨事極不熱心，但對於國民黨各項行動只有嫌惡憎恨而已。因余已允於前，故不能不寄此入黨申請書。」（日記）

竺可楨與張其昀的不同，還在於思想傾向的不同。竺可楨一向主張思想自由，學生可以有不同的政治主張和信仰，只要不在學校開展政治活動即可；張其昀呢？此時他卻「以為吾人必須有中心信仰，此中心信仰即為三民主義」，且「謂共產主義不過西方學派之一，遠不如三民主義之能集大成」。（竺可楨1941年2月2日日記）張其昀的政治色彩，當然為浙大進步學生所不喜，連帶他在學校以職責所在而產生的一些言行也不時受到進步學生的非議。1939年1月，學生代表大會「責問曉峰在講堂上斥責學生不守紀律」，竺校長獲悉後在日記中寫道：「教員對於學生道德亦負責任，當然可以教訓。」（1月16日）不過，當浙大的學生運動漸成規模之後，兩人的態度亦有所不同了。1942年1月，西南聯大和浙大發生了「倒孔（祥熙）運動」，竺可楨的身影亦出現在遊行隊伍之中，27日，張其昀帶來陳布雷弟弟陳訓慈的信給竺可楨看，「知委座對於除孔運動頗為震怒，以是引起對於浙大、聯大之注意。」（竺可楨日記）1942 年年末，當時盟國的美國邀請中國六所大學（浙大、聯大、中大、武大、川大、雲大）派學者赴美國訪問和進修一年，原來竺可楨自己也想去，但是以職責所在，被教育部回絕，於是竺可楨讓張其昀赴美，這也是竺可楨的美意：他想讓張其昀暫時脫離國內的環境，在學術上有所提高。

1945年抗戰勝利，11月，張其昀也從美國回國，見到竺可楨，他「談鋒甚健」，竺校長也為他「為浙大拉教員不少」感到高興。這次張其昀為浙大「拉」來的學者有：文學院的鄭儒鍼（外文系，來自哈佛大學）、彭紹青（外文系，來自哈佛大學）、范祖淹（歷史系西洋史）；法學院的嚴仁賡（經濟系，來自哈佛大學）、黃炳坤（政治系）；師範學院的趙小蘭（趙元任女公子，音樂）；工學院的周文青（機械系，來自麻省理工學院）、卞學鐄（航空）、沈琰（化工）、陳新民（礦冶）；理學院的高振恒（化學）、胡寧（物理）等。1946年1月14日，浙大正式宣佈張其昀任文學院院長（此前因梅光迪逝世，浙大文學院院長空缺，當時有人建議由吳宓先生擔任，竺可楨認為吳「不宜於行政，亦不欲當行政」，遂由張其昀任之），正好這天例行「總理紀念週」活動，竺校長請張其昀向學生演講美國「開國偉人」傑弗遜生平，竺可楨在日記中記述了張其昀的演講，即傑弗遜在美國開國元勳中「最主張自由最力，且辦報亦有經驗，雖被報紙攻擊，但主張自由言論，晚年更致力於大學」云云，然而，張其昀當時已漸由自由主義知識分子滑向為蔣介石政權服務的御用文人，從而與竺可楨判然有別，許多浙大學生也認為張其昀「熱心於政治」，遂有「拒絕之意」（竺可楨 1 月 12 日日記）。當戰後因蔣介石發表《中國之命運》一書而使得後方的知識分子赫然劃分為兩個陣營的時候，竺可楨與張其昀更加不同（竺曾在出訪國外時閱讀了此書的英文版，但沒有在日記中記錄他的觀感），因為竺可楨是始終堅持自由主義理念並且一以貫之進行實踐的，在他看來，辦學應當取「保守與改進之精神」，具體就是「無門戶黨派之見」、「求是精神即大無畏精神」，以及「民主精神」。（1946 年 10 月 30 日日記）不過，張其昀因接近國民黨中樞，對浙大來講卻也並非壞事，如此後的 9 月 3 日竺可楨就擬打電報給張其昀，「請其進言蔣主席或託（陳）布雷致電與（蔣）廷黻，因教職員住宅問題十分嚴重也」，等等。

此後國內形勢愈加呈魚爛之狀，學校學潮頻發，竺可楨久已決定辭去校長一職，這一是因形勢逼人，他已無法從容在這個位置做下去了；二是當初就任校長時自己提出的條件之一就是暫時和過渡性的安排，一旦有合適校長人選時，自己還是要回到得心應手的科學研究工作去（即氣象研究所），此後他曾多次提出以他人替代自己。1941 年 4 月，竺可楨面見陳布雷時重提此事：「告以浙大、氣象所二事必去其一。因最初去浙大，余個人以一年為期，當時布雷亦謂恐需三年，現已五載。此五年中，余不常至氣象所，遂致工作全部停頓。余若有一半時間在氣象所，則又虞浙大出意外事，故其勢不得不去其一。」（4 月 12 日日記）對此，陳布雷表示「同情」，「但以繼任人選為慮」，竺可楨於是推薦張其昀、任鴻雋、莊澤宣、李熙謀、胡剛復、鄭曉滄等為人選，但國民黨教育部部長陳立夫認為張其昀「無行政經驗」，對他人也不予認可，遂使竺可楨辭職一事不得而行。到了 1948 年前後，竺可楨的去意愈加強烈，他已多次向教育部等提出要求，1948 年 1 月 19 日，他在日記中記載他對浙大工學院院長王國松（字勁夫）的談話：「余告以四月間余必須辭浙大校長事，但教部無繼任之人，故必須由校內自己產生。目前惟曉峰與勁夫二人可以繼任，但曉峰因國民黨色彩甚濃，渠不但自己不願，且必受一部分學生之反對，故惟有勁夫能任。」竺可楨屬意於張其昀和王國松接任校長一職，但王國松表示不願接受，張其昀則非但自己也不願接受這樁並非美差的公幹，而且竺可楨估計學生也不會認可他「國民黨色彩甚濃」的角色，於是不免萬分躊躇和迷惘。月末，張其昀等「教授會」代表來與竺可楨例行開會，議題也是竺可楨辭職一事，當時竺校長可謂哀哀相告，他對眾人說：「在校十二載，已屬憂患餘生。抗戰時期，日在流離顛沛之中，抗戰勝利以後物質條件更壞，同事所得不敷衣食住，再加學生政治興趣濃厚，如此環境，實非書傻子如余者所可勝任，故擬早避賢路。」眾人聽了，自不免唏噓一番，為了儘量挽留竺可楨，大家提出一些建議，如蘇步青主張學校領導採取「分工負責」制來減輕校長的壓力，張其昀則提出「多設委員會」，目的也在為校長分憂，但竺可楨堅持認為自己「在校時間必已不久，以精力日就衰頹，不自量力」，就是加派副校長（此前浙大一直沒有副校長一職），「也不過一短時期作過渡而已」，所以，他對眾人的盛情表示感謝，但仍然表示了必去的決心，只是在去職前「必有交代」，「使繼任者可以順利工作，決不拂袖掛冠而去。」

竺可楨企盼張其昀能夠接替自己，但果然學生對張其昀大不滿意。5 月 13 日，竺可楨在日記說：「近日學生壁報攻擊張曉峰不遺餘力，謂其只顧史地，將國文、英文置諸不足輕重。」15 日，他又在日記中說：「今日壁報上攻擊文學院曉峰——仍層出不窮」，為此張其昀向竺可楨表示他要張貼公告「宣佈辭職」，於是，此時竺可楨反過來倒要極力挽留張其昀了。客觀地說，張其昀服務浙大多年，他扶佐竺校長，有功在焉，而部分學生的「杯葛」張院長，也引來眾多教師的不滿，首先就是「教授會亦大為不平」，中文系的教授也擬罷教一日以為抗議，竺校長呢？連忙「勸曉峰加以阻止，因此風不可長」，接下來他考慮如何對付學生的壁報：「學生無理取鬧之壁報應如何取締是問題耳」。翌日一大早，文學院部分教授（佘坤珊、鄭奠等）就學生壁報攻擊張其昀等來向校長交涉，隨即葉良輔、蘇步青、貝時璋、錢寶琮、王葆仁、顧谷宜、朱庭祜、麼枕生、酈承銓、徐震堮、任銘善等一大批各學科的教授求見校長，以為「學生如此囂張，學校要有一處置辦法」，甚至表示「如不能挽留曉峰或譴責學生，則全體將辭職」，隨即，酈承銓、徐震堮、任銘善等宣佈罷教。竺可楨對眾人的過激反應，極力加以安撫，在日記中他寫道：「對於以上諸公，余均表示壁報上言論係少數學生所為，絕非公論，但有侮辱師生與攻擊個人之處，學校可以查明負責人加以處罰。」不料，17 日，「壁報侮辱文學院老師事件更形擴大。法律系二年級學生景誠之所辦之《群報》登有〈張其昀引咎辭職，佘坤珊更應滾蛋〉標題」，竺可楨在日記中說：這個景誠之「乃外文系讀工課不及格因而轉法律系者」，「此事勢必引起訴訟」。果然，「今日停課不教者有徐聲越、任銘傳、酈衡叔、王駕吾諸人。文學院教員全體與曉峰同進退，史地系同人昨開會亦有同樣決議，謂學校如無辦法則將全體辭職。理、工、農教授聯名表示憤慨，不日將罷教。」此事對已經決心辭職的竺可楨而言，可謂又是極度刺激他神經的事，接下來的幾日，他費盡心力，致力於將事件轉圜到最低程度。先是李浩培（法學院院長）返校，訓導委員會校務會議得以召開，隨即通報學生自治會代表，「告以事態之嚴重」，對方表示將「撕去一切攻擊文字」，校方表示還須處分當事人，因「動了教員公憤」，此時不僅「中文系教授迭有罷教事，理、工、農各系教授蘇步青、貝時璋等卅餘亦有將罷教之議」，竺可楨囑學生代表「將壁報謾罵曉峰、坤珊最嚴厲之三張漫畫、一張壁報之姓名交出」，他還表示擬「出一通告誡學生，說明不可攻擊個人，侮辱師長，如有意見，盡可依正當途徑發表也」。竺校長的〈告誡同學書〉隨即發出，景誠之和另外一個學生自治會壁報的負責人也被宣佈開除，竺校長還召集學生代表談話，談話中學生要求學校收回成命，汪安球則代表史地系同學「希望張曉峰之弗離去」。逾日，壁報漫畫作者胡潤傑前來「自首」，竺可楨問他與張其昀有過接觸否？「何為而畫萬民傘上加烏龜之漫畫」，胡「瞠目不能答」，竺「因疑其人必為有人買通，代人受過者」。竺可楨查知：胡潤傑也是「成績極壞」的一個學生，「航空系一年級時物理不及格，而竟會留校也。」最後，竺可楨決定查辦「壁報事件」中作為當事人的四個學生，為此他還徵求張其昀、佘坤珊兩人的意見，結果卻出人意料，受到壁報「侮辱」的兩位師長，佘坤珊「以為非停學、開除不足以懲處」，張其昀呢？則「不堅持嚴辦」。隨即，學校校務會議決定給予當事人以「記大過二次，留校察看」的處分，竺校長費力博弈的結果，可謂宜然。不過，此事過後，張其昀「下年欲辭文學院院長」，竺又竭力挽留，「以為不可」。7 月 10 日，竺可楨的日記中記載道：張其昀「欲辭文學院長及史地系主任職，謂學生屢屢攻擊，故以退避賢路為是。余勸其弗辭，並謂校務會議下學期開會時可以提出院長可以輪流任職，俟通過後曉峰再辭職不為遲，如目前退避乃是不啻為學生壁報所打倒。但曉峰堅欲將聘書退回，謂渠可暫時請人代理」。張其昀的請辭隨即又發生了連鎖反應，此前已有去意而被張其昀挽留的中文系主任鄭奠聽說張其昀請辭，馬上也退還了聘書，李浩培也請辭法學院院長，竺校長哀歎：「此事遂又變成僵局矣。」

張其昀在竺可楨的極力挽留下，暫時沒有離開浙大。不過，隨著全國政治形勢的發展，他們之間的距離（思想狀況）是越來越大了。

竺可楨是怎樣的人呢？1948年11月11日，他在日記中自述：「關於政治黨派，余均不感興趣。前被選為中央委員，實非余意料所及，故雖經布雷來函，余亦未去登記也。」13日，國共兩黨「准決戰」的淮海戰役進行到關鍵時刻，蔣介石侍從室主任和幕僚長的陳布雷見大勢已去，黯然神傷，在南京服毒自殺。陳布雷給蔣介石留下的空白，將由另外一位蔣介石可以感到信任的同鄉和文士張其昀來接替了。說起來，陳布雷（浙大前身——浙江高等學堂畢業生）、張其昀，都是有浙江大學背景的人呢。至於竺可楨，此時他對蔣介石國民黨已經完全失去了信心，後來他在上海與「中國科學社」的老友秉志把手晤談，都「以為國民黨之失，乃國民黨之所自取。在民國廿五六年，蔣介石為國人眾望所歸，但十年來剛愎自私，包攬，放縱貪污，卒致身敗名裂，不亦可惜乎？」竺可楨還對吳有訓說：「民（國）十六年國民黨北伐，人民歡騰一如今日，但國民黨不自振作，包庇貪污，賞罰不明，卒致有今日之顛覆。解放軍之來，人民如大旱之望雲霓。」他對新政權的共產黨抱有極大的希望，他說：「希望能苦幹到底，不要如國民黨之腐化。科學對於建設極為重要，希望共產黨能重視之。」（1949年5月27日日記）張其昀卻不同了。此前在國共兩黨大打出手的時候，他正在出洋的途中，而回國後的張其昀已將自己完全綁在了行將敗亡的國民黨的戰車之上。1949年1月21日，蔣介石宣佈「引退」，下午4時蔣介石就乘飛機離開南京到杭州，次日又赴溪口，後來蔣經國在其回憶錄《風雨中的寧靜》一書中說：其時，「父親引退，離開南京，臨行時候，曾到紫金山國父陵寢謁別。當天晚上到達杭州，就住在覽橋空軍軍官學校，那時父親的心情當然顯得十分沉重。」此時的張其昀就在蔣介石的身邊隨侍。2月，在蔣介石被迫「下野」後，張其昀公開發表了一篇〈致周恩來公開信〉（即其在《東南日報》發表的〈告中共首席代表的公開信〉）。4月4日，竺可楨在日記中記與張其昀談話，原來張其昀「去奉化溪口三天。云與工務局俞局長同往並見蔣先生，商范氏天一閣將改公立圖書館。謂蔣決計不離溪口，風采甚瀟灑，但以其不能辭去國民黨總裁為恨，並謂其左右尚希望美援甚烈。余謂美援不可恃，因美國人對於中央政府過去作風已失去信用，即使以後中央能有作為，亦要靠自己。但據曉峰口氣，則蔣之左右仍不能與李、白派合作也。對於考試院委員，渠決不就」。24日，時局漸已明朗，解放軍將攻打杭州，杭州城裏國民黨困獸猶鬥，傳說「軍警將包圍浙大」，竺可楨日記記載「張曉峰來商渠去就問題」。原來，此前有人勸說張其昀離開杭州，國民黨湖南省政府主席王東原還答應「必要時可以飛機相接」，竺可楨卻「勸渠不必如此驚動」，他心想：「為校著想，渠去係一巨大損失；為渠個人著想，則或以離去為是，因若干學生對渠不甚不解也。」最後，「余勸其乘車去滬，不往寧波，因滬上友人甚多，可從長商酌也。」隨即張其昀離杭赴滬。不久，竺可楨也秘密潛往上海。5月2日，竺可楨看到《新聞報》刊載的新聞，說竺可楨已飛臺灣，他吃了一驚，「大為驚惶，不知此消息之何來。」這一天，張其昀來，「知其已上輪將赴廣州，其夫人與公子張鏡湖均在輪上。」這也是竺可楨最後一次與張其昀的相見了。最後的相見，張其昀仍苦苦相勸竺可楨同去臺灣，他還說要辦護照須在廣州。竺可楨沒有答應。16日，竺可楨接到了張其昀發自廣州的來信。不久，他又接到了傅斯年從臺北打來的電報，要求竺可楨迅即起程赴臺灣大學任職，但他說：「余將函覆辭謝」。

竺可楨拒絕與張其昀一樣赴台，然而返回杭州繼續擔任浙江大學校長也已不再可能。就在竺可楨滯留上海時，6月8日，竺夫人託人帶來信函，竺可楨方知「浙大校內壁報說我受英美教育之毒，做事不徹底，不能對惡勢力鬥爭，只剩了些科學救國空談」，並認為他「對於舊的固然厭惡，對於新的心存懷疑；但民主與反民主不容有中間路的，而竺某偏偏走了中間毀滅之路云云」。10日，竺夫人又寄來信函，告知「浙江軍管會已於六日起派軍事代表林乎加、劉亦夫二人到校，並派孟憲承、嚴仁賡、張君川、范緒箕、陳立、劉瀟然、黃煥昆、許良英、包洪樞等九人組成接管小組，於上午十點召集臨時校務會議，指出嗣後浙江大學是人民的學校，擔負著培養人材的重大任務。」此時竺可楨在上海參與了全國科學會議和新的中國科學院的籌備，原來的「中國科學社」、「自然科學社」、「科學工作人員協會」以及中央研究院，或者已完成了使命而將解散，或者已有名無實，竺可楨已決定不再在教育界工作，此時竺夫人也傳來口信：「她怕我回浙大，說我若回浙大，她就要分居。」（7月1日日記）於是，竺可楨謝絕了許多浙大校友和學生對他的挽請，即所謂校長一職，「余表示決絕不幹，並謂余在浙大十三四年，自四十六以至六十歲，實為余之壯年時期。現已達衰老，應讓余退休。因大學校長職務繁重，非老朽如余所能勝任也。」（7月5日日記）從竺可楨的話裏，可以聽出除了其年齡已大之外，當然還有其他不言而喻的諸多因素。果然，不久竺可楨聽到了來自學校的新的消息：「浙大接管後，軍管會所派之劉某全聽學生包洪樞及一二助教之言，取報復主義，停聘教授六十餘人之多，儲潤科、朱正元、胡剛復等均在其內，（以及此前在「壁報事件」中罷教的酈承銓、王煥鑣等，當然更多的是有國民黨關係的一些教職員工。筆者注）……全以過去有恩怨關係為主，而不問教授法、學問之如何也。」竺可楨亟歎：「可知浙大接管情形與北大、清華、南開可謂全不相同也。」浙大軍管會還宣佈停止中國國民黨、三民主義青年團等一切反動組織的活動，違者嚴懲不貸。宣佈查封原文學院院長張其昀教授的全部文稿、書籍及全部財產（因而保留下來其一些文檔和資料，成為今天尚未發掘和有待清理的珍貴文獻）。宣佈將師範學院撤銷，將教育學系併入文學院。顯然是因為張其昀的原因，又宣佈將歷史系停辦一年（至 1950 年，宣佈停辦法學院、歷史系、哲學系），師生全部予以遣散，僅留下十二人組成學習班，學習馬列主義經典著作和毛澤東著作，等等。由此也可知：張其昀若留了下來，他會有怎樣的命運呢？

竺可楨北上之後，曾在日記中回憶往事。

1951 年 7 月 22 日，他在日記中提及張其昀與李振吾在浙大負責指導「三青團」一事；

1952 年 3 月 2 日，在思想改造運動中，竺可楨被人非議在浙江大學曾實行宗派主義，即 1936 年出任校長時帶領許多「南高」（南京高等師範學校）人員前來任職，竺可楨是日詳細回憶自己在浙大的十三年零四日，他說：「余初到浙大，邀請之南高同事有迪生、剛復二人，學生有沈魯珍、倪志超、吳福楨、蔣伯謙、諸葛振公、張曉峰、王駕吾七人。」

3 月 20 日，他又在日記中談及自己在檢討時原浙大學生沈自敏提出的意見，即「我在浙大時間何以所有接近者統為頑固分子，如梅迪生、謝幼偉，而對於張其昀特別賞識」云云，沈還說竺可楨「親信張其昀，一定他給了我許多方便」，沈還揭發「1941 年春天四年級要總考鬧事，張其昀設法使沈自敏出頭贊成，遂致此風潮鬧不起」。沈還認為過去竺可楨所謂的「不問政治」其實就「是政治問題」，如「不痛恨張其昀，因為不知道特務之可恨」。

5 月 7 日，竺可楨在日記中記錄了沈自敏評論竺可楨自傳存在的問題，認為當年竺可楨有「宗派主義」，而且「為浙大校長後成為反動政府成員，矛盾是怕政府又怕學生」，結果「解除矛盾，有了陳布雷、邵元沖、蔣作賓之保護，張其昀亦同」。這不免引起竺可楨的一幕幕回憶——以上提到的幾人，其中，陳布雷是竺可楨的同鄉和友人；邵、蔣則分別是竺可楨的連襟，又分別是國民黨的高官；至於張其昀，則是竺可楨的同鄉和弟子，以上三人曾是竺可楨的主要社會關係。當年竺可楨作為浙江文教名流，又是名重一時的科學家，蔣介石對其自是頗為看重，竺可楨出任浙大校長就是蔣的「欽點」(出自幕僚長陳布雷的提議，蔡元培、翁文灝、鄭曉滄、邵元沖等也一體贊同)，不過竺可楨很清楚地知道自己只是一個書呆子，一個「不善侍候部長、委員長等，且亦不屑為之」的書生，然而竺可楨知道在當時的情況下，「余若不為浙大謀明哲保身主義，則浙大又必陷於黨部之手，而黨之被人操縱已無疑義」，而且「浙省文化近來退化殊甚，需一大學為中流砥柱」，加之許多同事和學生也極力勸他接任校長一職，夫人張俠魂(竺的妻姊張默君是中國著名的女政治家)也放出話來:「如今辦大學者風氣不好，須有正義感者出來，才有改進之期望。」如此，竺可楨經過慎重的思考和多方的諮詢，遂提出自己「出山」的幾個條件:「財政須源源接濟；用人校長有全權，不受政黨之干涉；而時間以半年為限。」後來，除了「半年為限」被打破之外，這才有了竺可楨執掌浙大十三年的光輝篇章，不過，其中的甘苦，只有他自己才會深加體味。當「于子三事件」稍稍平息之後，當時的竺可楨可謂身心交瘁，他在日記中寫道:「在校十二載，已屬憂患餘生。抗戰時期，日在遊離顛沛之中，抗戰勝利以後物質條件更壞，同事所得不敷衣食住，再加學生政治興趣濃厚，如此環境，實非書傻子如余者所可勝任，故擬早避賢路。」聽說校長有了去意，浙大「教授會」的同人如蘇步青、談家楨、張其昀等大驚，急忙前來勸慰，學生自治會代表谷超豪等也前來致意——那是 1949 年，那是一個滄海桑田的歲月。就在這年的 3 月 7 日，這是竺可楨的六十華誕，這天，竺可楨在《浙大日刊》刊登啟事:「禮品一概不收，開會一概不到。」此前學生自治會已舉行了盛大的祝壽晚會，竺校長辭而不往。這天，學生又提出要建「竺可楨圖書室」，竺校長說:「人尚健在，何必有此舉」。翌日，學生又為他的生日大做廣告，他將賀禮一律退還，學生又向他獻上一面旗幟，上書「浙大保姆」四字。不過，所有的這一切，只是大時代之中的一個小插曲了。

5

張其昀與國民黨的遷往臺灣：1949 年初，經過遼沈、平津、淮海三大戰役，國民黨軍隊的有生力量已被消滅過半，國民黨在大陸的統治面臨徹底垮臺的命運。此時蔣介石採納了張其昀的建議，決定把臺灣作為退身之所在。

當時蔣介石和張其昀都認為：退居臺灣，退可守，進可攻；臺灣與大陸隔著一條海峽，憑藉海峽天險和海、空軍力量，完全可以抗衡當時尚無海、空軍的共產黨，以積聚力量，待國際形勢發生於己有利的變化時，再反攻大陸。其實此前蔣介石已在 1948 年底已在進行撤退的醞釀和安排，不過，將國民黨的黨、政、軍、財、文的中心東撤臺灣，是來自張其昀等的建策。顯然，「三大戰役」之後，國民黨軍隊基本上已被打敗，所謂大勢已去，此時作為退守之地，國民黨只有西南、海南、臺灣可以作為選擇的方向。三者之中，以蜀地為中心的西南，軍事地理上易守難攻，其北有秦嶺，東有長江三峽，南有橫斷山脈等，地形兇險，屏障繁多，又是抗戰的「發祥地」，自是好去處，於是，當 1949 年 10 月廣州失守後，國民黨當局仍將其全部中樞機構遷至重慶和成都。不過，解放軍的凌厲攻勢和西南地方實力派的遊移讓蔣介石和國民黨當局不能安心於此，最後終於決定倉皇渡海遷往臺灣。張其昀當時如何向蔣介石建言，今已不可詳知，但以張其昀著名地理學家和專攻「國家戰略學」的學者（並且在哈佛大學深造過這門專業）的身份，他還在臺灣「光復」後曾領隊前往考察，因此，作為此時蔣介石身邊的「御用專家」，他的建議勿庸置疑，當然是很有分量的。《鳳鳴華岡——張其昀傳》一書中稱：此時，「只要是張其昀的提議，蔣介石幾乎沒有反對的。」

張其昀的提議，即是當時國民黨圍繞撤退方向的「東撤論」的主張者，他們認為西撤川康為不妥，並說明東撤臺灣的種種優勢：首先是臺灣海峽海闊浪高，只有它才能暫時阻止沒有海、空軍優勢的共軍乘勝追擊。其次，臺灣作為「反共救國的復興基地」，有著大陸其他地區無法比擬的優越之處，即：一，臺灣地處中國東南部，北回歸線從台島穿過，熱帶和亞熱帶的氣候適合動植物的生長，物產豐富，全島土地利用率高，植被茂密，糧食等農產品基本可滿足軍民所需；二，台島內部交通便利，工業有日據時代留下的基礎，若善於經營，經濟可望起飛；三，在軍事上，台島有海峽與大陸相隔，易於防守；且位於大西洋西緣，扼太平洋西航道之中，與美國的遠東防線銜接，戰略地位極為重要，美國不會棄之不顧，若得美援，臺灣防守將萬無一失；四，臺灣居民在日本殖民統治下生活了半個世紀，回到祖國懷抱後對中央政權有一種回歸感，這種心理正可利用來穩定社會秩序；尤其是台島長期與大陸阻隔，中共組織與人員活動較少，又經 1947 年「二二八」事件的整肅，干擾更少，未來即使社會稍有動盪，台島四面環海，呈封閉形，境內鐵路、公路四通八達，農村都已開發，政府極易鎮壓不穩定因素與穩定社會。因此，國民黨若將黨、政、軍、財、文中心遷台，再帶來較多的資金和人才，必將建成穩固和強盛的臺灣基地，適當時就可反攻大陸。

這一番主張，其實不僅如此，已然是國民黨唯一的去處。1948 年年底，蔣介石任命其心腹陳誠受命為臺灣省政府主席，同時蔣經國亦受命為國民黨臺灣省黨部主任委員，這就是遷台的信號了。1949 年年初，大陸國民黨控制的金融機構開始向臺灣緊急運送黃金、白銀、外匯，文物部門也開始加快運送文物，這更是國民黨決策臺灣為其退守之所在的現象。此後，國民黨在大陸完全潰敗，於是其遷台成為事實。此之前後，張其昀已隨行於蔣介石身前身後，在 1949 年蔣介石宣佈「下野」之後，張其昀曾勸蔣以「黨內總裁」身份主持黨國大計，頗得蔣介石歡心，於是留他在奉化溪口的武嶺學校居住，並待如上賓，常與他促膝談心。當時的蔣介石雖已是「下野」之人，卻「心存魏闕」，一日，他突然想到美國駐華大使司徒雷登，這司徒雷登是出生於杭州的一位「中國通」，與張其昀也有交往，蔣介石怕美國拋棄自己，忽然頓生一念。這天蔣介石領著孫兒在溪口的村外踏青，張其昀陪侍在側，只見蔣介石踽踽而行，忽而遠眺四周群山，忽而俯觀溪下游魚，可謂流連忘返，不勝依依，然而，他忽然回頭對張其昀說：「張先生，我看司徒雷登大使最好能移住杭州。杭州是他的出生地，第二故鄉，距溪口又不遠。這裏的景色，我看不遜於廬山，他大可到此一遊。」張其昀聽了一怔，然後恍然大悟，便說：「當年馬歇爾特使九上廬山，而今司徒大使始終耽在南京，實為不智。」蔣介石連忙問：「張先生有何高見？」張其昀略作思考，說：「我想邀幾位學者，請司徒大使以杭州榮譽市民身分來杭定居，豈非是好？杭州離此近在咫尺，將來有什麼話要談，不更方便？」蔣介石連連點頭，於是張其昀行色匆匆，奔走於京、滬、杭之間，可惜不得其果。蔣介石遁往臺灣後，不忘召其赴台，並薦舉他為國民黨「改造委員會」委員兼秘書長，此後，臺灣就有了一位眾人皆知的「陳布雷第二」了。

所謂國民黨的「中央改造委員會」以及「中央評議委員會」，是蔣介石在臺灣「反省」國民黨在大陸失敗的一個新的黨內組織和機構，前者，除了陳誠、蔣經國、張道藩、張其昀等人，多名不見經傳，但卻十分精幹，他們平均年齡只有四十八歲，隨後便取代了原來由四百六十人組成的國民黨第六屆的「中央委員會」，由此成為臺灣國民黨的最高權力機關，也成為國民黨赴台後一個比較年輕的領導班子，其中，張其昀的角色不容小覷。不久，張其昀又任國民黨「中央黨部」秘書長，職任臺灣國民黨的意識形態的掌控人，他成立了「中國新聞出版公司」、「中央文物供應社」、「中華文化出版事業委員會」等眾多文化出版機構，出版發行如《中國一周》、《新思潮月刊》、《學術學刊》、《國事叢刊》等刊物，出版了《現代國民基礎知識叢書》等大量書籍，其中不乏「黨義書籍充斥書肆，反共八股滿天飛」之類的東西，因此也頗受殷海光和李敖等臺灣自由主義知識分子的猛烈抨擊。

1985 年，張其昀在臺灣逝世。9 月 14 日，蔣經國簽發「總統令」，其稱：「國民大會代表、總統府資政張其昀，器識宏達，學術淹博。早歲執教國立中央大學、浙江大學。嗣歷任國民參政會參政員、教育部部長、國防研究院主任等職，並創辦私立中國文化大學。其生平忠義，操履清儉，而著書之勤，育才之篤，耄齡無倦，復足嘉稱。乃以宿疾纏綿，竟至不起，軫悼殊深，應予明令褒揚，用示政府篤念時賢之意。」

「衛大法師」

——史壇怪才衛聚賢

引言：

曾經讀過一篇吳其昌先生的女兒吳令華女士的回憶文章，文章是寫當年的清華國學研究院的，其中提到一個當年吳其昌的同窗，他有一個如今人們早已陌生的「雅號」——「衛大法師」，吳女士不經意地回憶說：那是在上世紀40年代初，「那天，方壯猷伯伯來我家串門，談興正濃，父親叫我續水。我端著暖壺過去，聽見父親說：『這倒像是衛大法師的話。』兩人開懷大笑。……我奇怪地問：『又不是和尚，好好的為什麼叫法師？』父親說：『他是我清華的同學，剛來時不愛說話。時間長了，發現他多發奇論，令人莫測高深，有人就送給他個「大法師」的綽號，他欣然接受，乾脆用「衛大法師」來寫文章發表。』」

其人「多發奇論，令人莫測高深」，此人便是衛聚賢。對此，衛聚賢晚年也曾寫有一篇〈我的「胡說」〉的文章（臺北《傳記文學》28卷2期），回憶自己平生喜歡「胡說巴道」（他自嘲云：所謂「胡說」，因為自己是山西人，山西古代是蒙古人即胡人之地，自己有蒙古人的血統，於是衛聚賢後來到處「在山西同鄉會說話，因此我的話就是『胡說』」。其實，衛聚賢的所謂「胡說」，就是喜歡發表怪論，往往令人莫測高深、驚聽回視而已。至於「巴道」，則是衛聚賢曾在「陪都」重慶活動多年，而重慶是古代巴國的都城，他在重慶的山西同鄉會講話，也就是「巴道」了），其實呢，並非自己喜歡「胡說八道」，而是——「我主張把問題都提出來，對不對是另一個問題。如不提出就沒有人注意，就對於這個問題不生疑問，永遠相傳下去。或者已認為有問題，而永遠找不到解決的途徑。」這一番表白，說明他是當時「疑古」思潮的一支偏師，而終其一生，衛聚賢懷具「問題意識」而曾提出過的「胡說巴道」可謂多矣。（詳見下文）

吳女士的文章引述了當年《清華國學研究院同學錄》中衛聚賢的「自述」，所謂夫子自道，其曰：「衛君年十五經商於甘肅，十八入高級小學校肄業時，即著手下級自治。及歷過中學，十四年於山西商專校卒業，蒞京入師大史地研究科。十五年考入本校研究院。而於下級自治之進行，始終未怠。以先從村縣建設方面著手，至今成效頗著。每語人云：自信下級自治，在中國有擴充之必要及可能。然以求學，似為餘事耳。其學專注意於上古史時。研究《左傳》，以《左傳》係卜子夏所纂。又著有《一得錄》，以齊桓公伐大夏，西至波斯，類多奇異之談聞。現又注意於地下開鑿。其為學究上古，政見主下級。均能成功與否，當有待於後日耳。」原來，衛聚賢的人生經歷可謂一個「奇」字，若論治學，也是一個「奇」或「怪」字。他在清華只呆了一年，師從王國維先生，彼時王大師正在提倡「地上」和「地下」的「兩重證據法」，為此還諄諄教導衛聚賢研究立論先要鑒別原始材料的可靠性，另外一個大師李濟先生也對他後來開展的考古學研究大有幫助，更重要的是，在梁啟超的直接引領之下，他當時不顧周遭對他「研究院來了個商人」的嘲諷和非議，我行我素，獨闢蹊徑，大膽將其在太原商科學校學到的統計學知識引入到古史研究的領域，並寫成一部《左傳研究》，獲得時人的好評，此後他以獨擅的「歷史統計法」繼續探究《春秋》、《國語》、《穆天子傳》、《山海經》、《墨子》、《禹貢》等一批古代經典著作，取得了引人矚目的成就。如此說來，衛聚賢的「衛大法師」雅號、「胡說巴道」，並非唐突和作秀，吳女士說：衛聚賢的治學，「大膽假設，認真求證，不媚時，不輕信，不放棄，以自己實踐所得資料，經過排比推理，作出自己的結論，雖未必全對，但也絕非瞽說，要徹底駁倒亦非易事。他的一家之言，會長存於學林之中，等待時間的檢驗。」這是難得的評論。另有時賢論道：當年「顧頡剛、衛聚賢和譚介甫等人的著述，代表了背離大漢中心法則的史學異端，他們對由漢武帝欽定的歷史圖式的懷疑，充滿了非凡的辯駁勇氣。面對強大的大漢國家主義，他們指明了外部文明對中國文明形成與發展的重大作用，這無異於哥白尼或布魯諾向教會說出『太陽中心』的事實。他們說出了這些，然後在嘲笑和失意中棄世而去⋯⋯。」可惜的是由於當年政治和戰爭導致的人為的兩岸阻隔，我們漸漸聽不到了他們中一些人的聲音，衛聚賢也離開了我們的視野，至今除了少部分影印或再版的《中國考古小史》等外，衛聚賢的著作（更勿論選集等了）還很不易被看到。

1.「衛大法師」的早年身世

衛聚賢拔起於逆境，以自學出身，終有志者事竟成，後來考入清華國學研究院，得到王國維等諸位國學大師的親炙，後來終於成為一名考古學家和歷史學家，而其著述亦堪稱等身，此外，其活動能力也不同尋常，民國史學和考古界的許多著名活動，他都是其中的一名組織者和活躍分子。

衛聚賢（1899－1989），字懷彬，號助臣、耀德、衛大法師等，又曾化名魯智深、韋大癡子等，山西萬泉（今萬榮）北吳村人。

衛聚賢在民國學界中的一個「奇」字或「怪」字，首先是他獨特的身世。

衛聚賢的身世可謂悽楚。他原是甘肅慶陽縣西峰鎮人，有清一代西北民族矛盾不時發生尖銳的衝突，回、漢血爭不已，衛的外祖父就是僥倖存活下來的一家磨坊主人，他有一個女兒名叫蘇春梅，嫁給了甘肅慶陽安氏為妻，生有兩子，後來西北發生大饑饉，安氏一家家破人亡：安母餓斃，安氏病故，另外兩個弟弟一個自殺一個逃逸，只留下妻孥三人無以為生，正好有一個山西萬泉縣北吳村的小財主衛世隆因積欠財資逃入慶陽，在一家雜貨店當店員，後來他積攢本錢加入股本，成為這家小店的經理，但美中不足，這位衛氏「命克」，他曾先後娶有兩個妻子，結果兩個妻子都自殺了，膝下亦無子女，他聽說蘇春梅寡居在家，於是前往禮聘，將之納為妻室，順便也將蘇春梅與前夫所生的兒子易姓為衛，並視為己出。這兩個「拖油瓶」，長者名「考娃」，幼者名「雙考」，後者就是衛聚賢的小名，「聚賢」是他後來自己取的名字。衛聚賢自幼在繼父的店裏做學徒，7 歲始入私塾，後在慶陽讀小學，因為繼父生性吝嗇，他從小起就飽受虐待，營養也太差，導致他學習時記憶力甚弱，經常受到老師和繼父的杖責。18 歲時，他隨繼父返回山西家鄉繼續讀高小，又因家中拮据，被繼父數度中止學費而輟學，不得已，他只好兼任了本鄉小學初小的教師，勉強維持自己的學業，後來他打聽到運城山西省立第二師範的學生每月可發給二元津貼，於是就到該校就讀。不久，因為在「五四」運動中支援被開除的進步同學，衛聚賢被校方勒令退學，他只好又返回本鄉的小學繼續當教書先生。對於自己在「五四運動」時期的活動，後來衛聚賢回憶說：當時他是班代表，在「抵制日貨」運動中，「在開會時我知道商人的艱苦，主張和緩，但其中十位主張積極燒毀日貨，於是派我到各縣與商會訂約，以不准再買進日貨。在下學年開學時，校長奉督軍兼省長閻錫山的命令，把十位同學開除，同學乃推舉我到太原請求收回成命，事未達到目的，學校以『久假不歸，理應開除』了事。」這是衛聚賢人生道路上的又一挫敗經歷。

衛聚賢自幼在繼父的嚴厲監督下學習經商和幫賬，白天要書寫流水帳至四、五十頁，晚上還要點錢過賬，以至身心俱傷，也導致他體格發育不全，後來他每憶及此，不寒而慄，遂稱之是他一生的「三噩夢」之一（以及幼時遭人毆打、成人時又經常面臨失業）。衛聚賢無意於承繼父業，後來私逃離家，以不惜失去經濟來源的代價去發憤讀書。他先到太原員警教練所謀職不成，又準備報考太原「工專」，卻因曾參加過學生運動的「前科」而不被錄取，後來總算在母親的暗中資助下，借助了同學衛懷彬的文憑（此後他以「懷彬」為其字）考上太原「商專」，這所學校附近就是山西省立圖書館，課餘衛聚賢經常在這裏看書。衛聚賢在太原讀書，因為沒有經濟來源，可謂是「蓬頭垢面而讀詩書」，當時他的繼父已經病故，承繼家業的兄長也無意負擔他的學業用費，衛聚賢只好靠借貸來求學，直至抗戰前這筆借款才算償清了。說來也真是「罪過」，衛聚賢讀書，其艱苦備嘗的窘境竟達到這樣的程度：每遇學校開學，他總是「負衣裸行」，那是因為他無力支付交通費，又捨不得穿校服，他平日所穿的衣裳早已是鶉衣百結了；每天赴食堂就餐，他總是挑選最便宜的飯菜，到了冬天更索性借用校爐煨一鍋羹湯來代替飯菜，如是多年竟養成了他生活中的飲食習慣。後來他任職於中央銀行，月薪有兩百餘元亦節儉若是，當時同仁們都很奇怪，衛聚賢則聊以自慰地說：「生活簡易了，則腦筋也簡單了，這對於事業和學問大有益處，如果生活上太講究，吃飯必須三碗八盤，調味也太重，使得腦筋也變得複雜了，則不免多所顧慮矣。」衛聚賢還因生活窘迫，寫字也不敢多用紙張，後來他養成的寫字習慣就和別人不一樣，他寫的字，字體微渺，即使寫信也從來不超過兩頁，人們謔戲他「人大而字小，人胖而字瘦」。此後的衛聚賢身高體胖，貌似「濟公」，所以有人又稱之為「衛道法師」，他自己則以「衛大法師」自況。

2.在清華國學研究院

衛聚賢在太原讀書時，因參加學生會活動失意，轉而鑽研古史，不問世事，後來更索性中止了在「商專」的學業，赴北京投考北師大歷史研究所，但因從不招收外校學生而罷。此後，他一邊在北師大旁聽，一邊在一所私立的「新聞大學」就讀。此時，衛聚賢已逐漸喜歡上了歷史學。原來，他在讀小學時，由於聽了老師講解〈管蔡論〉，忽然意識到文章是可以翻案的，從此留心並一直喜歡作翻案的文章。另外，他從小學習功課，往往「歷史、地理、數學、理化、圖畫、手工都是一百分，而國文、唱歌、體操則僅及格，是以我就喜歡歷史」。在「商專」，課程中有「商業史」，他嫌教科書過於簡單，索性自己在圖書館看書研究，結果就寫出一篇〈齊桓公西伐大夏考〉來，以後讀《左傳》，又寫出〈介子推隱地考〉和〈春秋圖考〉，讀《山海經》，寫出〈汾水南流西流考〉和〈中國人種西來南來說〉，這幾篇文章他自己印成《一得錄》出版了。

1926 年，衛聚賢投考清華國學研究院（第二期），但衛聚賢卻無一張正式的文憑可以出示。考試時，王國維觀其作文題目為「春秋戰國時代之經濟」，於是問他做這個題目取何為材料？衛聚賢答：《國語》、《左傳》；王又問他對這兩書成書時代有無疑問，衛聚賢不能答，這也刺激了他後來悉心於兩書的研究。衛聚賢考取之後，師從王國維，研究題目則是《中國古代商業史》，他益加發奮刻苦攻讀，黽勉向學。有趣的是，當時他開題研究，去圖書館借《左傳》，可是早已被同學借光了，王國維向他推薦了一部「商務」版的《白文左傳》，也就是沒有注解的本子，結果他受益匪淺——「如有注解的話，就得跟著前人走，成為『人云亦云』，沒有新見解——胡說巴道。」怎麼「胡說巴道」呢？他後來回憶說：「我把《左傳》看了幾回，看不出它是在什麼時代為何人所作。但是我在商業學校學過統計，我有統計觀念和常識。看《左傳》為何前面是一頁記數年的事？中後期成為數年一頁？我借了一個『算盤』，先把《春秋》每五年的字數相加，列了一個統計圖。分為四期：第一期低，第二期平，第三期高，第四期平。我推求其原因，照道理初期時間古，材料少，應當低平，愈到後來應當愈高，何以第四期不高而平呢？我是知道《春秋》為孔子作，其第四期的高點在孔子死前九十年，孔子活了七十三歲，在他作《春秋》時，有些人尚未死，有些人他的子孫尚在當權，其材料不容易搜集或不敢多搜集，是以第四期低。《春秋》記載多寡的原因既求出，我用『已知數推求未知數』的方法，也把《左傳》每五年的記載加在一起，作了如上的圖表。它也是第一期低，第二期平，第三期高，第四期平。《春秋》統計的結果，其高點在其作者死前九十年；那麼，由《左傳》的高點向後九十年，就是《左傳》作的日期。統計的結果，《左傳》的高點後九十年為周威烈王元年。再看《左傳》上多預言，凡是在周威烈王元年以前的都應了，周威烈王六年以後的都沒有應。就斷定《左傳》的作期在周威烈王元年。我又用統計方法，將《春秋》、《左傳》、《國語》，所記各國的字數作百分比，《春秋》自然以魯國占的篇幅為第一，而在魯國周圍的山國，如滕、薛、鄒、莒都占百分之二或三，但秦、楚、吳大國占的並不太多。《左傳》是以晉國占第一（魯國占的雖多，但多『解經』語，系劉歆後加的。不是史料）。秦比吳、越為多。《國語》有《越語》而無秦語。足以證明：《春秋》的作地在滕、鄒、莒附近，《國語》的作地近越而遠秦，《左傳》的作地近秦而遠吳。我又將《春秋》以後《左傳》所記的材料統計，而衛占第一，它在敘述文中對衛國的先公不加『衛』字而直稱『先君』，這是衛國人所作。」

如是，衛聚賢以他獨特的研究方法初試鋒芒，開始運用他自幼所熟悉的算盤運算來用於史學研究，也就是運用統計學於史學，這在當時是開創性的，後來也被叫做「歷史統計法」，堪為史學領域別開蹊徑的方法創新。（後來他在上海暨南大學教授「歷史研究法」，編寫了《歷史統計學》一書，交由商務印書館出版）當時清華研究院的一些同學本來就小覷這一個沒有文憑又「土得掉渣」的山西人同窗，常常嘲譏他用統計方法來研究歷史，互相調侃他是「研究院來了個商人」，不過，後來衛聚賢《左傳研究》一書寫成（認為《左傳》是子夏的作品），導師梁啟超對之讚歎不置（此時王國維因事去了上海），眾人乃服之，從此對他刮目相看。當時瑞典漢學家高本漢有一本《左傳真偽考》寄給研究院的導師趙元任，趙隨即轉給另一個導師李濟閱讀，衛聚賢偶然見到，十分「垂涎」，但又苦於自己的外語程度不高，於是邀請同窗陸侃如與自己合譯了這本書，並請趙元任校正，這本書譯成後，胡適也為它做了一篇長序。

清華國學研究院從 1924 年開辦至 1928 年停辦，共有四屆，衛聚賢考取的是 1926 年的第二屆。衛聚賢在清華研究院受教於梁啟超、陳寅恪、王國維、趙元任、李濟「五大導師」，尤其受梁啟超、王國維教誨為深，他的畢業論文〈《春秋》研究〉與〈《左傳》真偽考〉就是得兩位導師的啟發和指點而寫成的。當時他還專修中國上古史，研究的課題是《左傳》，導師王國維之外，李濟的考古學也對他構成了直接的影響。清華國學研究院的山西弟子不多，僅有衛聚賢和史念海二人而已，其學友則有劉節、徐中舒、謝國楨、王力、姜亮夫、高亨、蔣天樞、劉盼遂、陸侃如、吳其昌、羅根澤、姚名達、周傳儒等。研究院有《國學論叢》季刊，由梁啟超主編，這是一本國際著名的學術刊物，主要刊登研究院導師和畢業學生的論文，其中有衛聚賢的論文〈《左傳》之研究〉等，此外《清華週刊》也刊有他的〈晉文公生年考〉等。衛聚賢還與同學成立了「述學社」，這個團體是為反對國學研究中「頑固的信古態度」和「淺薄的媚古態度」而成立的，它宣稱「寧可冒著『離經叛道』的罪名卻不敢隨隨便便的信古；寧可拆下『學貫中西』的招牌卻不願隨隨便便的媚古」，這是他們在整理國故和處於西學東漸浪頭上的一種健全的學術姿態。「述學社」出版有《國學月報》，先後刊有衛聚賢的〈晉惠公卒年考〉、〈萬泉衛氏考〉、〈《春秋》的研究〉、〈釋家補正〉、〈金縢辨偽〉等論文；在該刊的「社員著述一覽」中也標有衛聚賢的〈《春秋》地圖〉和《一得錄》，那是他在太原「商專」等地寫成的；在「社員著作出版預告」中則有他畢業論文的〈《左傳》研究〉，那是由商務印書館出版的，他的〈《春秋》的研究〉則是由「樸社」出版的，加上此前他寫成的〈《國語》的研究〉，這三本《研究》後來又合為《古史研究》，交由上海新月書店出版，此書在中國史學界影響頗廣，後來多次被翻印出版。

3.王國維之死和在山西的考古

衛聚賢是王國維先生生前的最後弟子之一。

1927 年 6 月 1 日，王國維參加完衛聚賢等畢業典禮和師生敘別會之後，是夜又照常批閱學生試卷，完畢後遂草擬遺書藏於懷中，翌日遂往頤和園投湖。王國維投水，其原委是北伐軍將抵達華北，清華園內有一個小刊物作漫畫醜詆「研究系」，因為當時清華研究院是由梁啟超掌管的，梁於是心神不安，告假返回天津「飲冰室」家中，研究院眾人亦一片惶然，有避入東交民巷者，有出國遠遁者，後來又聽聞湖南農民運動誅殺了劣紳葉德輝，清華園裏的傳單紛至遝來，其中有的說要剪辮子了，而當時王國維正好有辮子在身（衛聚賢曾解釋王國維保留辮子是為了出入紫禁城參觀考古資料的方便，後來溥儀被逐出故宮，王國維同北大的辜鴻銘一樣，始終保留了這條「保皇」符號的辮子），甚至更有出示「擬殺之名單」者，王國維於是憂心忡忡，他又無術可避，如魯迅所說的「老實得像火腿」的王國維竟遍問學生如何為計，詢至衛聚賢，衛聚賢建議王可徙居太原，因為山西一向表裏山河，當時持掌山西大權的閻錫山又善於變通，這幾乎成功地在若干次國內政治紛爭中使山西處變不驚（曾以「模範省」聞名於外），免於動盪，當時衛聚賢還正與二三同好在太原晉祠開辦「興賢大學」，以為可聘請王國維來授課，至於薪金，說好「暫委屈先生只月俸百元，但每月來校上課一次即可」。對於這一建議，王國維未置可否，只說了一句：「山西無書。」衛聚賢回答說：太原「文廟」有藏書，且太原私家藏書者也不乏其人。王國維仍不允，豈料半日後王國維竟投湖而死，聽到消息的衛聚賢頓足長歎，只有叩首大哭了。

王國維死於北京，其先世之祖王稟於北宋抗金時則死於太原保衛戰，則王氏一殉於中國文化將既倒，所謂「殉道」；一殉於朝廷冠冕制度，亦所謂「守道」，兩者皆「狐死正首丘」之義。後來衛聚賢在臺灣輔仁大學授課，他將他所知道的王國維的死因書告王的一個兒子王東明，信中亟稱「王先生如果不死，學術上成就會更大，因王先生身體瘦而健康，那年他才五十一歲，他可以活到八九十歲的」；對友人他又稱王國維之死乃「高人一等」，因為王國維若尚在人世，也會「被留在鐵幕中，一樣也被清算了」云云。

1928 年奉系軍閥退出北京，國民黨南京政府的勢力遂抵達華北，清華學校被接收後亦升級為國立大學，校長由羅家倫擔任，然而其時政局板蕩，大學院和外交部互相爭奪清華的控制權，清華內部也陷於人事糾葛等諸多矛盾之中，1930 年更因中原大戰導致了校長更迭的風波，羅家倫被迫辭職後，閻錫山覬覦清華，所謂「水木清華」可謂翻天覆地，先是南京派來的校長吳南軒被驅逐，隨後勉強相繼就任和代理的翁文灝、葉企孫則志不在此，結果一直鬧到 1931 年梅貽琦出任校長才平息了下來。這一期間，六月，衛聚賢曾給胡適一信，就閻錫山部隊開入北京而引發的清華校長糾紛一事表示自己的意見，即當時清華校長的人選，山西閻錫山方面力推清華校友的喬萬選其人，但是得到清華師生的一致「杯葛」，並且竟被阻擋在校門之外，其他方面提出查良釗、郭秉文等，而衛聚賢則建議由胡適擔任。此信近時才查到，茲揭載如下：

適之先生：

前函敬呈，未奉手示。北京確下，第三集團已入駐北京。清華校長問題因之發生，生日昨與外交部某友人談清華校長問題，他說外交部方面欲委查良釗（現河南教育廳長，前北京師大校長），生略露先生長清適宜，他說先生向與西北軍（馮）不接頭，並云如先生與查良釗認識，或可辦到，關於此節，請先生給查氏通信致候為宜。今日見錢端升先生，他說清華校長還無人提及討論過，不過一位姓郭的（前東南大學校長）他願去，還未討論。生云將來由何處委，他說由大學院委，不由外交部委（此事恐怕生出糾紛）。生問他究何人長清，他無表示，生推他，他說他不幹。生說先生去也適宜。他說恐先生不去，如果去時，是很適宜。並聞蔡院長不日到北京去，此事應速進行。侃如函云：《國語的研究》已呈先生閱過，交付印刷了。但至今該印刷所尚未寄來校對之稿件，請先生催該印刷所速排印為荷。此地別無新聞。肅此，
順候
教安

私密衛聚賢　鞠躬
〔民十七年〕六月四日

衛聚賢於清華研究院畢業後，與友人在太原合辦了私立「興賢大學」，自任副學監。後來也是山西人且是馮玉祥連襟的薛篤弼介紹他赴南京任大學院科員，專事審查歷史教科書，繼又兼任南京古物保存所所長，期間曾參與主持發掘南京新石器文化遺址與明故宮遺址。此前，中國考古界有江南並無新石器文化的定讞，衛聚賢發掘棲霞山漢墓時發現有紅色含砂質的粗陶片，他以此為線索，連續在野外考古作業數月，終於發掘、收集和整理出石斧、石刀、石錛以及幾何花紋陶片等數百件文物，證實了江南確實存在有新石器文化，這是一個在現在已經被公認的結論了。在南京，他還發現了大明通行寶鈔的印鈔銅版等。

不久，衛聚賢因與大學院院長的蔡元培不合而辭職，此前李濟主持發掘了山西夏縣西陰村新石器文化遺址，它標誌著中國人獨立開展考古發掘的開始，受此影響，衛聚賢也返鄉參與發掘漢汾陰後土祠及萬泉新石器文化遺址，其中部分出土文物曾運往北平展覽，後事被北平女師大研究院知悉，遂聘其他為該院的研究員，並派他代表該院與山西圖書博物館（即「文廟」）合作，與董元忠和美國畢夏波共同發掘山西萬泉荊村瓦渣斜新石器遺址，以便能將出土文

物運至北平整理後陳列（後收藏於中國歷史博物館）。此後衛聚賢還兼任了北平女師大圖書館主任，任職期間，他在館內參考摩爾根《古代社會》等書，系統地研究中國古代社會，撰成圍繞「母系時代」、「奴隸社會」等多篇論文。此後，女師大辭退了衛聚賢，衛聚賢又有了失業之虞，他只好南下應上海暨南大學之聘，卻不料又碰上了「一二八」淞滬戰爭，他又被迫返鄉，擔任太原國民師範學校教員，並兼山西省政府「十年建設委員會」委員。

這裏還要提一下衛聚賢一個迄今還不被人們所瞭解的考古貢獻，那是有關戲曲文物的研究的。眾所周知，山西（尤其是晉南一帶）是保存古戲臺最多的地方，而它的被人所知也是由衛聚賢拉開序幕的。在他讀書清華研究院的時候，1931 年 8 月 15 日，清華大學中國文學會的《文學》月刊第 1 卷第 4 期在扉頁上刊登了山西萬泉縣西景村岱嶽廟的「舞廳」以及「舞廳」基石的拓本照片，並注云：「此影及下三影係中央研究院衛聚賢先生今年在山西萬泉縣工作時間所攝，茲從趙萬里先生處借印。此石刻於元至正十四年。所謂舞廳，即戲臺也。趙先生見告，衛先生謂萬泉氣候乾燥，下影中的舞廳，當仍為元代建築物。果爾，真今之魯靈光矣。」照片說明的作者把這座元末至正十四年（1354 年）創建的戲臺比作東漢時仍然巋然獨存的西漢魯恭王的靈光殿，亦可見其珍視的程度，也足見其眼光如炬。也可以這樣說：戲曲文物最早的研究者，或者說發現元代戲臺的就是衛聚賢其人。此後，衛也在《文學》發表了〈元代演戲的舞臺〉的文章，除了介紹萬泉西景村岱嶽廟「舞廳」和收錄該廟「舞廳」的石刻，並分析萬泉橋上村後土廟北宋天僖四年（1020 年）五月十五日碑陰「修舞亭都維那頭李庭訓」、萬泉孤山風伯雨師廟南軒東石柱「移那舞亭」等元大德五年（1301 年）的銘文，以及袁家莊乾隆五十一年（1786 年）〈關帝廟前戲樓碑記〉等，由此人們才開始重視山西戲曲文物的考察，後來梁思成在考察山西趙城元代建築明應王殿時又發現了殿內的壁畫多幅，其中之一是以演劇為題材的，並有款題「泰定元年（1324年）四月」，這就是著名的「忠都秀作場」雜劇壁畫。再後，周貽白的《中國戲曲史長編》、張庚和郭漢城主編的《中國戲曲通史》等都記載了衛聚賢當年發現的山西萬泉元代戲臺的史實，由此深入討論元雜劇的演出形式等。

此外，中國古代經濟史中著名的「晉商現象」，若論其起源，有許多不能破解的疑問，如是什麼原因造成明清山西商業資本的發展？或以為明末李自成起義經過山西時的「遺金」是山西商人的原始資本，衛聚賢在《山西票號史》一書中持此說，他說：「李自成入北京，將明朝文武諸臣八百餘人持打求金銀，及李自成由山海關敗歸，將所掠及宮中藏的銀器等，熔鑄成餅，每餅重約千兩，共數萬餅，用騾車載走。清兵進至定州，李自成敗傷……自山西大道上經過時，……乃沿南山行走，至祁縣南二十里孫家河時，或者曾將現銀一部分遺棄，現在祁縣尚傳說元豐玖票號股東孫郅係孫家河人，其先人曾拾有李自成的棄金。」又據衛聚賢的親自調查，查有上述孫郅高祖孫高山的墓碑，其云：「家道中落，未有厚產……乃走關東，經營產業，漸積萬金。」孫高山是生活在1676年（康熙十五年）至1758年（乾隆二十三年）的人，顯然其祖上就家道殷實，而「有拾李自成遺金之可能」。據說衛氏的老鄉、「晉商」之一的萬榮縣潘氏也是清代有名的大工商業戶，民間傳說其發家起因是在萊河老城東門外靈青山拾得了一些「生金子」，據《榮河縣誌》記載：「明末李自成一部曾由榮河城渡河而西去」，或許也並非空穴來風，日本《中國經濟全書》一書則稱：李自成經過山西時，曾將從北京帶來的黃金存放在康（亢）氏院內，後康（亢）氏拾得黃金八百萬兩，遂成為山西「票號」之一家。

4.江南考古

「淞滬停戰協定」簽字後，衛聚賢繼續往上海任教，除了暨南大學（其間撰有〈老子為雲南人考〉，後雲南就將老子作為本土的名人了），他還相繼在中國公學、持志學院、正始中學等執教，此後，友人介紹他在監察院任審計科長兼駐外稽查委員、中央銀行經濟研究處專員和協纂等。當時「央行經研處」有兩位學有專長的山西學人，一是萬榮人衛聚賢，一是汾陽人冀朝鼎（其實是從事中共地下黨工作），得鄉人孔祥熙（太谷人）的眷顧和財力支援，衛聚賢得已聚集文物並研究之，同時也能不斷擴大其研究領域。此時衛聚賢已有《中國財政史》、《中國商業史》、《山西票號史》等多部著作問世，他又在公餘開創性地研究吳越史地，並與蔡元培、于右任、吳稚暉、葉恭綽等發起組織了「吳越史地研究會」（1936年8月成立，蔡元培會長，吳稚暉、鈕永建副會長，于右任等為評議，董作賓等為理事），由衛聚賢任總幹事主持會務（山西會員還有孔祥熙、王用賓、陳高傭、梁園東、李健吾等），這個研究會囊括了中國歷史學、考古學的許多專家和許多政要，衛聚賢實際主持之，後來研究的結晶就是《吳越史地研究論叢》的出版（後上海文藝出版社影印再版）。他還在胡適等主持的《新月》刊登文章。與此同時，衛聚賢還編纂有《右文字源》一書，他利用在「央行」工作的便利，雇用了二十多個學生為「書記」，對古文予以全面編錄統計，這是他把「歷史統計法」又運用於古文字研究領域。

此前，衛聚賢在南京發掘六朝古墓時發現了新石器時代遺址，因為發現的石器數量不多，尚不足定讞江南有新石器文化，他於是立志揭開此謎，後來他偶見立法委員何遂（曾參加過山西辛亥革命的同盟會元老）在杭州購得石鏃三枚，許多人懷疑這是古玩商自北方所獲而販到南方的，衛聚賢卻不相信，他趕赴杭州開展調查，終於打聽到那是出土於古蕩一帶的（即今浙江大學玉泉校區附近），於是立即進行考古發掘，終於從古墓中發現出陶片等文物，經研究後證明「江南於新石器時代已有人類」。這一期間，他還在餘杭良渚、金山衛戚家墩等處進行考古發掘活動，結論為「古代吳越自有其本位文化」，這與現今之考古研究結論相符，當時他撰寫並與人合作撰成了〈杭州古蕩新石器時代遺址之試探報告〉、〈金山衛考古記〉、〈奄城考古記〉、〈南京明故宮發掘報告〉、〈歷代建都南京的貨幣〉等報告。為了擴大考古範圍並引起大眾的重視，衛聚賢（當時在學界還有「智多星」的綽號）除在各地講演宣傳配合保護文物的知識之外，他還出了許多點子，在江浙各縣遍設「吳越史地研究會」分會，並把其考古所得之樣本分送每縣，陳列於縣小學和民眾教育館內，讓廣大民眾參觀，使他們由此認識並熟悉什麼是吳越古物，以後有人發現有相同的文物，就可以據此報告給分會或上海的總會，以便組織調查和發掘。這也就是說，現已成為定論的「良渚文化」、「巴蜀文化」（後者是由他定名的。衛聚賢曾參加過後來被稱為「三星堆文化」的前期發掘和考古）等，是有賴於衛聚賢等開闢草萊的。此外，衛聚賢還是吳越文化考古的奠基人之一，當時他還曾將部分出土的文物運至上海展覽，擴大影響面。至於如今考古界耳熟為詳的「洛陽鏟」，也是首先由衛聚賢運用於考古鑽探的，那是他在 1928 年從盜墓者那裏「學」來的。（有意思的是，現在隨著《鬼吹燈》等圖書的熱銷，一些地區的「盜墓」活動相應加劇，一些參與盜墓的人紛紛尋找衛聚賢的考古書籍，藉以為工具和知識）

當時衛聚賢還組織有「說文學社」，從事歷史、文物、考古、文字學等研究，他還自費出版了著名的《說文月刊》。上海淪陷後，衛聚賢隨中央銀行西遷，當時他擔任秘書處秘書。在後方，他主持了抗戰期間唯一一家的考古民間學術團體「說文社」(「說文學社」的簡稱)，主持唯一一家的國學刊物《說文月刊》，這一民間刊物原在上海創辦，上海成為「孤島」後衛聚賢仍傾力維持之，以至「漢奸以為我替政府在上海聯絡文化人」，當時「楊寬給我寄了一粒手槍子彈，書中夾一紙條，限我三天離開上海。我向法租界巡捕房報告，調查後認為嚴重，派了三個巡捕守衛保護，但每天要十元小賬，我就給重慶總行打電報說:『上海環境不宜，請調渝工作。』」於是衛聚賢離開上海前往內地。在重慶，他仍然以社、以刊會友，借孔氏的資助編刊《巴蜀文化》、《西北文化》等專號，這些都是戰時中國文化研究的代表性成績。

衛聚賢慷慨好客，當時「說文社」有一「聚賢樓」，往往群賢畢至，高朋滿座，大有網羅大後方文化界文教界名流於一樓之勢，郭沫若、周谷城、顧頡剛、馬衡、胡小石、常任俠、楊仲子、金靜庵、王獻唐、傅振倫等都曾這裏切磋學術研究，這在戰爭年代是難能可貴的。當時郭沫若還為「衛大法師」的「聚賢樓」茶樓題寫了「大東家，大方家，法天法地，師古師今，難得一樓新寶貝；衛夫子，衛娘子，聚民聚財，賢勞賢德，真成雙料活神仙」的絕妙佳聯。衛聚賢還與郭沫若等配合教育部共同發掘了重慶江北漢墓，並在成都白馬寺發掘出青銅兵器等，開拓了巴蜀文化研究的新局面。衛聚賢還與于右任等赴西北敦煌等處參加考古活動，並著有《敦煌石室》，他還任西北聯大文學院院長兼教授、「中國邊疆學會」成員。當時衛聚賢還多次呼籲籌備開闢通俗博物館，他自己也多方著手收藏、收集有關文物，可惜他於 1940 年經河內轉往重慶時遇敵機轟炸，所攜文物俱被毀壞，但他不死心，開又始重新收集和收藏文物。抗戰結束後，衛聚賢辭去一切職務，專事「說文社」的工作和主編《說文報》，又兼西南美專教授。

5.晚年在港臺的「大膽假設」和「大膽求證」

1949 年重慶解放後，為了表示對新政府的擁護和支援，衛聚賢將其多年收藏的近千種和近萬件古代文物、民俗文物以及尚未整理的古錢、貨幣、清代和民國文獻等悉數捐贈給了西南軍政委員會，其餘文物及書籍等後來也由其子女捐贈給了西南圖書館，現在的故宮博物館等國內的許多博物館都收藏有他的捐贈藏品，比如故宮中的胡人「侏儒俑」，就是他原先的藏品。

衛聚賢後來終因對新生的政權產生隔閡而離去。1950 年，他轉赴臺灣，後又寓居香港，期間相繼在香港大學東方文化研究院、香港聯大（聯合書院）中文系、珠海書院、光夏書院、遠東書院等學校進行研究和執教。

1954 年（一說 1974 年），衛聚賢有一個驚人之舉，他發起乘木舟橫渡太平洋的試驗，試圖以此證明「中國人首先發現美洲」的說法。衛聚賢曾著有《中國人發現美洲》以及《中國人發現澳洲》、《中國古代與美洲交通考》等著作，其中關於「中國人發現美洲」論是他多年的主張，他依據古籍記載，以為在哥倫布之前已有百餘位中國人曾到達過美洲，此前民國歷史學界也有許多人附合他的主張，如東晉高僧、亦是山西人的法顯較哥倫布提前千餘年抵達美洲，章太炎就肯定過這種說法（並著有《法顯發現西半球說》）。除法顯之外，曾經還有殷之遺民、孔子、張衡、慧深、李白、楊貴妃等抵美洲之說，後來通過大洋彼岸的考古發現和印第安人的種姓和文明等的考查，似皆可以支撐此一論斷，比如在美洲發現的中國文字，衛聚賢在其專著中就列舉出五十七個，如將重覆的計算在內，可以達到一百三十多個；再如秘魯有九十多個村莊的土著人喜歡吃大米，衛聚賢認為一般民間的飲食習慣不易改變，何況秘魯的山區並不適宜於種植水稻，衛聚賢發現此前元朝水師攻打爪哇時，逃到爪哇的南宋宰相陳宜中為躲避元軍，曾率南宋水師由大溪地漂泊到秘魯，現今這些食米的秘魯土著人就是南宋人的後裔。於是，衛聚賢在「大膽假設」之後，又進行「大膽求證」，他率領人員乘坐依照廣州出土的漢代船形的複製木舟，經南洋東駛美洲，不料在距彼岸數百里處失事，幸而遇船救助方脫離危險。此後，又有更多的人附和他的觀點，比如臺灣的萬榮同鄉原馥庭先生（曾任閻錫山秘書，現為臺灣「山西文教基金會」董事、「山西同鄉會」常務理事）、陽城人的達鑒三先生（著有《法顯首先發現美洲》等）以及大陸的山西人連雲山（軍隊離休幹部，前《人民日報》國際評論員，著有《誰先到達美洲》）也持與他相同的主張。

「中國人發現美洲（澳洲）」，論者不獨國人所主張，據說英國維多利亞歷史學會會長麥基威在《不列顛哥倫比亞掌故》一書中提及加拿大西海岸夏洛特皇后海島的土人大多含有中國人的血統，這些土人自稱是十三世紀元世祖忽必烈東征日本失敗漂流到該島的元朝水師之後代；又有南美委內瑞拉學者莫雷諾考證說西元八世紀即唐代時就有一批居住在黑龍江、日本海和朝鮮之間的滿族祖先越過太平洋在中美洲登陸，他們被稱為「歐康人」，其中一部分遷入墨西哥，一部分遷入南美洲各地，後與秘魯的印加文化相融合，在語言、圖騰等方面有相似之處。清季，即 1910 年，清朝政府派歐陽庚為特使東渡墨西哥，辦理墨西哥革命時華僑有數百餘人死亡之索賠案，當時當地的印第安人代表向其請願，自稱這些印第安人是殷人後裔（殷福布族），也要求清政府一併保護和向當局加以索賠。恰好歐陽庚赴墨西哥之前曾與王國維、羅振玉等相會，彼託付他代為調查「殷人東遷」一事，歐陽庚返國後，將此事報告給攝政王載灃，然而彼時已是清朝滅亡的前夜，載灃不遑之，所謂查證一事也就不了了之。此前康有為變法失敗亡命天涯，曾至美洲，見有一處印第安古跡（石屋），其結構形似中國的房子，康有為寫詩謂「遺民似是自華來」，在墨西哥、秘魯，他也發現有不少器物酷似吾邦舊物，其人亦有黑髮黑瞳者，彼此視為同胞，康有為不禁慨然：「南北美洲，皆吾種舊地。」這似乎都可以支援衛聚賢的「奇論」。

不獨如此，彼時衛聚賢不時「胡說巴道」，竟伸展到非專業的領域裏來，如其著手研究「中文電腦」，又建議臺灣省政府農林廳，借助音波來促進植物的生長，等等，如其所說：「我是一個喜歡用頭腦幻想的人，不是寫就是想，不能讓它（手腦）閒著『自腐化』。」

1975 年，衛聚賢退休後赴台，任臺灣輔仁大學教授。晚年的衛聚賢渴盼中國統一，他以其譜牒學的深厚功力參加了臺灣人民「尋根認祖」的活動，先後為移居臺灣數百年的不少大陸籍人士找到了祖籍，他還著有《臺灣山胞由華西遷來》、《臺灣山胞與粵閩關係》等著作。

1989 年 11 月 16 日，衛聚賢在新竹逝世，享年九十歲。

6.一個有待評價的歷史學和考古學家

衛聚賢一生著述等身，他是歷史學家、考古學家、古錢幣學家、博物學家、文化人類學家。

在衛聚賢眾多的著作中，最具影響的是中國第一部考古學史的《中國考古學史》（商務印書館「中國文化史叢書」之一），此外《中國考古小史》、《十三經概論》、《古泉》、《古泉年號索引》、《楚辭研究》、《文字學》、《古器物學》等也是被研究者經常引用和運用的著作，這些書大多由商務印書館先後再版過多次。他還是中國古泉學會（會長丁福保，衛聚賢與之合著有《古泉》併合編有《古泉學》雜誌）的成員（評議員）。此外，衛聚賢除主持過南京古物保存所外，還參與籌備了上海博物館，該館 1937 年 1 月 10 日正式開館（葉恭綽董事長，衛聚賢為購選委員），它現在是東方明珠上海的一座標幟性文化場館了。

衛聚賢研究歷史，第一本著作《一得錄》從傳統考據學的興趣出發，後又著有〈《春秋》圖考〉。清華研究院時，他受王國維等親炙，深得「二重證據法」等現代學術精神的浸染，又受顧頡剛等開創的「疑古」風氣薰陶，將古史研究與「疑古」精神和方法相結合，相繼撰成〈《左傳》研究〉和〈《春秋》研究〉，後在太原「興賢大學」時又著有〈《國語》研究〉（結集為《古史研究》第一集）。在南京古物保存所時，又有研究成果的《古史研究》第二集，它是對《山海經》、《穆天子傳》、《禹貢》三書的研究成果，惜該書被「一二八」的戰火毀版，此後他抽出《穆天子傳》並增入〈墨子〉、〈老子〉、〈扁鵲〉等篇，以《古史研究》第二集（分上、下）出版，其主旨在探索春秋戰國之際的文化交流問題。北平時期，衛聚賢受進步學者發動的「新啟蒙運動」的影響，初步接受了一些歷史唯物主義的觀點，後來他在上海便以這種社會發展史觀的觀點撰寫論文，並彙為《古史研究》的第三集，集中闡述母系社會、奴隸社會遞進的規律。衛聚賢的《古史研究》是當時引人注目的史學界新作，曾先後被收入《民國叢書》和《民俗民間文學影印資料叢書》等。他主持和主編的《吳越文化論叢》也先後被收入《民國叢書》和《中外文化要籍影印叢書》。除了歷史、考古之外，衛聚賢還致力於三教九流、小說和民俗等的研究，比如他研究社會史上的公私組織，曾以「衛大法師」名義出版有《中國的幫會》（亦名《幫》）、《黨》、《江湖話》等，亦先後被收入進許多研究叢書中。

綜合衛聚賢研究歷史及考古的主要學術觀點，一是主張延長歷史年代，他主張以商殷為原始社會及氏族社會分界點，再下為封建社會；二是主張中國文化源於東南沿海，認為南洋土族與吳越是一個民族，他還從南京棲霞山、杭州古蕩、餘杭良渚、蘇州石湖、金山衛戚家墩、常州奄城、湖州錢山漾、福建武平等處考古發掘中論證黃河流域石器文化是由東南沿海而來，且吳越民族與殷商、南洋土族都是同一淵源的支脈；三是主張春秋戰國時的文化受外來文化影響，即民族遷徙、商業貿易、遣使戰爭等使外來文化傳播進來，更甚而主張《山海經》為墨子學生、印度人隨巢子的遊記，因為書中所記載的有非中國所有而為印度所有者；《穆天子傳》則為中山國人之西遊記；扁鵲係「西（印度）醫之為中國人者」的稱呼；否認有屈原此人；「昆侖」出於《左傳》「陸渾之戎」；「秦」並非「西出戎狄」，而是起源於東方（《春秋》中魯地之「秦亭」即秦之初基；他還附和胡懷琛「墨翟係印度人」之說。以上衛聚賢的「奇談怪論」因其所論多與常說相悖，因而亦曾頗受時論的非議，有的學校甚至不允許學生在作文中引用他的著作和文章，凡引用者皆以零分對待。在今天看來，這樣「怪論」，有的是他的武斷，有的則是有待論證的假說，其中也不乏目光如炬之處，如他的一些考證或推測，許多也已被證實，這如「龍的原形是鱷魚」，1987 年在河南出土的仰紹文化遺址中就有蚌殼龍圖案，這一「中華第一龍」的實物就證明瞭衛聚賢的推測不虛。又如他在〈楊家將及其考證〉中認為「穆桂英」係「慕容氏」的音轉；吳人以魚為圖騰；「西方教乃喇嘛教暗指」；山西票號以及鏢局的起源；《左傳》作者為「西河學派」的子夏所書，其主張「變法經世」，等等。

衛聚賢對傳統學術多有不滿，他認為中國古代史的研究在上古研究中將神話當成史實（即佞古），學者不相信考古資料（如章太炎），更不會去親自參加考古；近代的研究學者則又不重視第一手資料，研究範圍和材料狹仄，於是他極力主張開展歷史、考古、社會、民俗的綜合研究，並著重從兩方面下手，一邊疑古辨偽，一邊廣為搜集一切可資利用的「材料」(如門神、錢幣、廢紙、邊地民族服裝、官宦名裔物品等)，但他也對「疑古派」有所「修正」，即認為治學要求應為十分之七的證據、十分之二的議論、十分之一的標題，反對一味「疑古」，這從現在考古發掘和學術界的發展來看，是有相契合之處的。

衛聚賢曾把當時中國歷史學界分為「博學派」(即信古派，多為富家子弟所襲，甚少新鮮主張)、「嚴謹派」(常從小題目下手，鮮少大刀闊斧之作，此多落魄人家子弟所為)、「疑古派」及「建設派」(不滿於現狀的托古改制者流)，他自稱遊移於後三派之中，若究其原因，則是環境使然云云。

衛聚賢堅持繼承中國歷史學「經世致用」的傳統，他以為自己的研究都是為中國的前途服務的，即「欲明瞭前途應走之大道，其法有三：一為歷史的，即從歷史上觀察各演變之跡，由上古之事以推中古，由中古之事以推近古，由近古之事以推現在，現在之事以求將來；一為環境的，世界各國現都走入那一條道，我國為世界中之一，當然不能孤立，從其大多數走的道路中跟著走；一為本身的，本國的情形如何？人民的能力如何？所處的國際地位如何？走某一條道，是否走的通。假如從歷史上指示我們應走某條道，世界各國也走某條道，我們的本身也能走到某條道，三方面都走著某條道，是走某條道就無危險可言了。」至於治學方法，「欲求本身則在調查和統計，欲觀環境則在翻譯和考察，欲知歷史則在考證與考古」，他是這樣提倡的，也是這樣踐履的。

衛聚賢治學的方法也獨具特色，其基本方法為統計法、比較文法、音韻學、民俗學、考古學等，在當時曾被視為是走野路子的學者。衛聚賢對歷史統計學有較深入的研究和開創，他曾著有《歷史統計學》，現在很被學者們所重視；它如比較文法之運用，比如他比較《山海經》、《墨子》，以為其文法與中國文法有異，於是判定皆非國人所著。

衛聚賢當年從事研究歷史之時，正是時代大潮和考古新發現相挾之際，他敏感於風氣遞嬗，既得舊學之根蒂，又得新學之浸染，中國歷史學的新舊雜糅集中在他身上，於是有了他這樣一個眾說紛紜的人物。衛聚賢其人就成了百年中國歷史學發生遷變的一個範本，可惜後來兩岸隔絕，其人其說漸漸被人忘卻，他的研究成果迄未有過系統的整理和詳實的評說。據說如今在衛聚賢的故鄉山西萬榮縣，有一「孤峰山」，這一旅遊景區內建成了一座「衛聚賢博物館」。

跋

「驀然回首，那人卻在燈火闌珊處。」

因為這個句子，我把自己的一個集子取名為《燈火闌珊處——時代夾縫中的學人》，如今，仍不由地想到了這個句子。

其實，早自上世紀快要結束的時候，人們就不約而同地懷念起了那些曾經生活在上世紀又已紛紛故去的那些著名的學人，而此間消息，足可讓人仔細揣摹。至於那些所謂著名的學人，當屬所謂「文化名人」，如果說「文明」這個概念其內涵多指向物質層面並且具有向外傳播和接受的態勢，「文化」則多標舉精神的層面並且由一民族其群體內部的精神積累而成，那麼，「文化名人」中的著名學人，可以是我們窺看已經過去了的世紀，以及試圖去領略其文化風采的一個視角，即從其鮮活又具體的個案去窺看那個曾帶有沛然的生命力、強烈的個性以及種種變異的中國二十世紀的文化和文化精神，這樣的觀照，也許是饒有興味的吧。比如，在一百年時間的矢軸演進下，我們的文化精神有那些遷變？陳寅恪先生對此曾發出悲涼的泣訴：「近數十年來，自道光之季，迄乎今日，社會經濟之制度，以外族之侵迫，致劇疾之變遷；綱紀之說，無所憑依，不待外來學說之掊擊，而已銷沉淪喪於不知覺之間；雖有人焉，強聒而力持，亦終歸於不可救療之局。蓋今日之赤縣神州值數千年未有之鉅劫奇變；劫盡變窮，則此文化精神所凝聚之人，安得不與之共命而同盡？」錢穆先生則儻言中國士子百年所遭遇到的最大問題為「東西文化孰得孰失、孰優孰劣」，「此一問題圍困住近一百年來之全中國人，余之一生亦被困在此一問題內。」這也是如今人們仍在重視和慨歎的「中國話語」和「問題意識」了。

這本《現代學人謎案》的小書，從晚近的若干「文化遺民」帶有謎樣的往事說起，於悲涼意緒之餘，發掘幽深的文化地礦，澄清往事，並彰顯若干士子在這一百年中國思想和學術的試驗場和政治舞臺上的身段，或勇健，或頑拙，或瘋癡，然多苦苦掙扎於潮流與學問之間，對此，吾人當應予以「同情之瞭解」，以及相當的致意。

需要說明的是，這本結集中所記敘的一些人物，或許已是屬於被遺忘的人群了，而「不能被遺忘」已是當下許多有識之士反抗「遺忘」的一個共識，抗拒「歷史的磨損」需要我們長久的鮮活的記憶。雖說歷史不能是「成者王侯敗者賊」的勢利，但畢竟我們有過自古就形成的思想大一統的文化傳統、有一言喪邦的文化精神，一個百年，不合時宜的、不入時流的、走過彎路的、甚至「下水」污了羽毛的，這樣的曾經的「名人」何其多哉，他們或者以歷史的沉澱銷聲匿跡，或因時代轉換出局而失語，或以褊狹的「黨同伐異」不再被人談起，或在各種政治運動的風暴中被刮得無影無蹤，而眼下，則是新世紀裏人們亟求致富和擁抱感官文化的洶洶大潮，工具理性已然壓倒價值理性，功利、物欲的觀念文化更不斷侵蝕著我們曾經所標舉的精神「文化」，長此以往，代表中國先進文化的歷史資源將告枯竭則是不虞之「預」也未可知。那麼，這本小書如果能夠讓讀者、尤其是大學生和社會上的青年知識分子們在與時俱進的新傳統和活傳統的建構的同時，不要遺忘上一世紀先人曾經有過的輝煌和探索，乃至顛躓和失節，不要忘記從他們身上汲取人文素養，以提高自己的精神境界，甚至也可將之作為教訓樣板的歷史資源。

總之，當年的學人，其外表和肉體的望之儼然、衣冠整肅的「名士風流」，早已是明日黃花，化作泥土，他們留下的是讓我們低迴往覆、可大可久的思想、學術、經驗乃至教訓，他們的繁複閱歷也足以供給我們一個可以充分想像的空間去咀嚼、品味，因為那是二十世紀的中國。

青島的薛原書友推動了這本小書的早日出版，對此深懷衷心的謝忱。

2010 年 11 月於浙大求是村

史地傳記類　PC0144

現代學人謎案

作　　者 / 散　木
主　　編 / 蔡登山
責任編輯 / 鄭伊庭
圖文排版 / 鄭佳雯
封面設計 / 蕭玉蘋

發 行 人 / 宋政坤
法律顧問 / 毛國樑　律師
印製出版 / 秀威資訊科技股份有限公司
114 台北市內湖區瑞光路 76 巷 65 號 1 樓
電話：+886-2-2796-3638　傳真：+886-2-2796-1377
http://www.showwe.com.tw
劃撥帳號 / 19563868　戶名：秀威資訊科技股份有限公司
讀者服務信箱：service@showwe.com.tw
展售門市 / 國家書店（松江門市）
104 台北市中山區松江路 209 號 1 樓
電話：+886-2-2518-0207　傳真：+886-2-2518-0778
網路訂購 / 秀威網路書店：http://www.bodbooks.com.tw
國家網路書店：http://www.govbooks.com.tw
圖書經銷 / 紅螞蟻圖書有限公司
114 台北市內湖區舊宗路二段 121 巷 28、32 號 4 樓
電話：+886-2-2795-3656　傳真：+886-2-2795-4100

2011 年 04 月 BOD 一版
定價：280 元

國家圖書館出版品預行編目

現代學人謎案 / 散木著. -- 一版. -- 臺北市 : 秀威資訊科
技, 2011.04
面 ; 公分. -- (史地傳記類 ; PC0144)
BOD 版
ISBN 978-986-221-722-1(平裝)

1. 傳記 2. 中國

782.187 100003523

讀者回函卡

感謝您購買本書，為提升服務品質，請填妥以下資料，將讀者回函卡直接寄回或傳真本公司，收到您的寶貴意見後，我們會收藏記錄及檢討，謝謝！

如您需要了解本公司最新出版書目、購書優惠或企劃活動，歡迎您上網查詢或下載相關資料：http:// www.showwe.com.tw

您購買的書名：________________________________

出生日期：________年________月________日

學歷：□高中（含）以下　□大專　□研究所（含）以上

職業：□製造業　□金融業　□資訊業　□軍警　□傳播業　□自由業

□服務業　□公務員　□教職　□學生　□家管　□其它_____

購書地點：□網路書店　□實體書店　□書展　□郵購　□贈閱　□其他

您從何得知本書的消息？

□網路書店　□實體書店　□網路搜尋　□電子報　□書訊　□雜誌

□傳播媒體　□親友推薦　□網站推薦　□部落格　□其他__________

您對本書的評價：（請填代號　1.非常滿意　2.滿意　3.尚可　4.再改進）

封面設計____　版面編排____　內容____　文／譯筆____　價格____

讀完書後您覺得：

□很有收穫　□有收穫　□收穫不多　□沒收穫

對我們的建議：________________________________

____

____

____

請貼
郵票

11466
台北市內湖區瑞光路 76 巷 65 號 1 樓
秀威資訊科技股份有限公司 收
BOD 數位出版事業部

（請沿線對折寄回，謝謝！）

姓　　名：＿＿＿＿＿＿＿＿　年齡：＿＿＿＿　性別：□女　□男

郵遞區號：□□□□□

地　　址：＿＿＿＿＿＿＿＿＿＿＿＿＿＿＿＿

聯絡電話：(日)＿＿＿＿＿＿＿＿(夜)＿＿＿＿＿＿＿＿

E-mail：＿＿＿＿＿＿＿＿＿＿＿＿＿＿＿＿